图解 **精益制造** *073*

只做一件
也能赚钱的工厂

スゴい最先端工場

日本日经制造编辑部 著

刘晓霞 译

人民东方出版传媒
People's Oriental Publishing & Media

东方出版社
The Oriental Press

图字：01-2021-3853 号

Copyright © 2011−2014 Nikkei Business Publications, Inc. All rights reserved.
Originally published in Japan by Nikkei Business Publications, Inc.
Simplified Chinese translation rights arranged with Nikkei Business Publications, Inc.
through Hanhe International (HK) Co., Ltd.

图书在版编目（CIP）数据

只做一件也能赚钱的工厂 / 日本日经制造编辑部 著；刘晓霞 译. —北京：东方出版社，
2021. 8
（精益制造；073）
ISBN 978-7-5207-2336-7

Ⅰ. ①只… Ⅱ. ①日… ②刘… Ⅲ. ①工业企业管理 Ⅳ. ①F406

中国版本图书馆 CIP 数据核字（2021）第 159221 号

精益制造 073：只做一件也能赚钱的工厂
（JINGYI ZHIZAO 073：ZHI ZUO YI JIAN YE NENG ZHUANQIAN DE GONGCHANG）

作　　者：日本日经制造编辑部
译　　者：刘晓霞
责任编辑：崔雁行　吕媛媛
责任审校：金学勇
出　　版：东方出版社
发　　行：人民东方出版传媒有限公司
地　　址：北京市西城区北三环中路 6 号
邮　　编：100120
印　　刷：北京文昌阁彩色印刷有限责任公司
版　　次：2021 年 8 月第 1 版
印　　次：2021 年 8 月第 1 次印刷
开　　本：880 毫米×1230 毫米　1/32
印　　张：7. 5
字　　数：138 千字
书　　号：ISBN 978-7-5207-2336-7
定　　价：58. 00 元
发行电话：(010) 85924663　85924644　85924641

版权所有，违者必究
如有印装质量问题，我社负责调换，请拨打电话：(010) 85924602　85924603

目录

第一章

物篇：超强工厂具备颠覆常识的建筑物和设施设计

　　《日经制造》启动了声援日本工厂的特别企划 "SERIES·强大的工厂"，重点关注具有个性化建筑物及设施的 "最先进的工厂"。随着海外生产的比重越来越高，日本国内工厂的存在意义受到拷问。作为实现压倒性的价值与速度的手段，建筑物及设施也越来越重要。本章，我们采访了颠覆以往常识的建筑物和设施，以及能够熟练利用它们的生产现场。（"强大工厂" 采访组）

01 个性化的建筑和设施对日本国内工厂的生存至关重要

　　受 2011 年 3 月发生的东日本大地震影响，三菱电机郡山工厂的所有生产厂房受损，不得不重新建造。新建的厂房于 2012 年 6 月竣工并开始投入使用。此后，前来参观学习的其他公司的工厂相关人士络绎不绝，因为郡山工厂是三菱电机中把环境纳入考虑范围的一流工厂（图 1-1）。

图1-1　三菱电机郡山工厂的新建厂房

2012 年 6 月竣工，开始投入使用。(图片来源：三菱电机)

地震发生后，郡山工厂员工曾担心地问道："我们工厂会不会就这么没了啊？"该工厂主要生产用于安保、防灾等方面的网络摄像机和录音机，且需求正在进一步扩大。三菱电机很快决定重新建造厂房。

当然，此次并不是简单地重建原厂房，而是采用了最先进的环境技术，如在屋顶上铺满太阳能板进行发电、采用保温性能高的建筑构造来改善温度调节效率等。相比地震之前的厂房，三菱电机大幅减少了能源消耗量及二氧化碳（CO_2）的排放量。

厂房新建项目主要负责人、三菱电机 COMMUNICATION · NETWORK 制作所副所长奥田博志说道："我们要从地震灾害中重新振作起来，把新厂房建设成具有压倒性环境性能的工厂。"

▶ 实现压倒性的价值和速度

三菱电机郡山工厂的事例为日本国内工厂的发展方向指出了一条道路，彻底提高了工厂的环境性能。

作为实现这种压倒性的价值和速度的手段，在建筑物及设施方面具有明显特征的工厂越来越多（表1-1）。例如，从事汽车超精密零部件等生产业务的 SYVEC 股份有限公司（总部位于长野县盐尻市）在地下 11 米处建造了一座金属模具加工工厂，并于 2012 年 9 月正式投入使用。新工厂的目标是提高价值。在温度更容易管理、不易受震动影响的地下空间里建工厂能够大幅度抑制加工面的不均衡。据了解，新工厂的独特之处在提升使用金属模具生产的产品（汽车零件）的质量方面发挥了巨大作用。

表1-1　建筑物及设施独具特色的工厂

该表格根据价值和速度进行分类，其中包含正在建设中的工厂。

价值	品质	神钢建机（五日市工厂） SYVEC（地下工厂） 小松（大阪工厂） 北海道（绿色化学研究所）
	环境性能	三菱电机（郡山工厂） 欧姆龙（绫部工厂） YOKUMOKU（日光工厂） 大和房屋工业（奈良工厂第一工厂） AminoUp 化学（生产厂房/EcoHouse 办公楼）
	客户应对能力	大和房屋工业（奈良工厂第一工厂）
	工作可持续性	东京电子宫城（总部工厂） NEC（府中办事处人工卫星组装工厂）
速度	缩短交货期	神钢建机（五日市工厂） 山崎马扎克 OPTONICS 工厂（凤凰研究所）
	缩短开发周期	小松（大阪工厂）
	灵活性	东京电子宫城（总部工厂）

此外，小松股份有限公司（简称"小松"）在生产建筑机械的大阪工厂等三家工厂引进了虚拟现实系统"4 面 VR 系统"。借助该系统，在没有实物（最终产品或试制品）的阶段也能够验证驾驶席的视野、组装性能和保养性能等情况，大幅提高设计品质和生产品质，缩短研发周期。这是追求价值和速度的经典案例。

▶ 保持普通无法生存

如果只想普通地生产普通产品，不一定非得采用像三菱电机、SYVEC、小松那样的建筑和设施。但是，保持普通根本无法生存下去，这是日本国内工厂的命运。

近年来，随着海外生产的扩大，日本国内工厂逐渐成了"母工厂"，负责把高生产技术性的生产线教给海外工厂。但是随着海外工厂实力的逐渐提高，现在在单纯的生产能力等方面海外工厂反而更具优势，导致日本国内工厂作为母工厂的存在意义越来越弱。也就是说，日本国内工厂要想生存下去，必须实现海外工厂做不到的价值和速度。

日本国内工厂一直致力于通过各种生产现场的活动来提高价值和速度，如研发革新性生产技术、改良生产线等。本章之所以提及拥有特色建筑和设施的工厂并不是要否定生产现场的活动，而是要强调建筑和设施作为进一步提高生产现场活动成果的手段越来越重要。

从事工厂建设的各大型综合建设公司也敏锐地捕捉到了这一趋势，迅速采取了应对措施。以往，工厂在建设方面最重视的是成本，就像工厂中的生产活动追求低成本一样，工厂在建设上也非常重视降低成本。

但是，据大成建设设计总部建筑设计第六部部长碰屋雅之介绍："最近越来越多的企业希望能够在工厂中体现公司的目标概念，除了降低成本的策略，还要具备综合性提案的能力。"能否打造可以实现压倒性的价值和速度的工厂，逐渐成为大型综合建设公司的竞争核心。

为了实现压倒性的价值和速度，各企业除了关注环境和质量以外，还致力于提高客户应对能力、缩短交货期、确保工作可持续性等方方面面。接下来，笔者将介绍不同的工厂，它们都拥有用于催生相差悬殊的价值和速度的建筑物和设施。

02　神钢建机五日市工厂：追求品质和速度

——采取全面防尘措施，实现高品质，内部检测不合格品降至 1/50

　　在长长的屋檐下，一辆满载零件的卡车驶到了工厂收货处 [图1-2（a）]。鸥翼式装载平台的门打开，叉车将零件运出装载平台。此时，卷帘门是关着的，只有当叉车接近卷帘门时，卷帘门才会升上去，露出工厂里的收货处 [图1-2（b）]。卷帘门升上去后，叉车把零件放到收货处，然后退到外面。随即，卷帘门降落关闭 [图1-2（c）]。

　　神钢建机股份有限公司（总部位于东京，简称"神钢建机"）是一家生产建设机械的企业。上述场景发生在该公司投资约200亿日元在广岛市打造的五日市工厂中的一角。自从2012年5月开始正式投入使用，新工厂主要生产车重7~95吨级的液压挖掘机。

　　一般来说，在生产建机、汽车、机床等中大型机械产品的工厂，收货处的卷帘门不会频繁开关，只要工厂在运转，卷帘门就会一直开着，不断接收运进来的零件。而在神钢建机的五

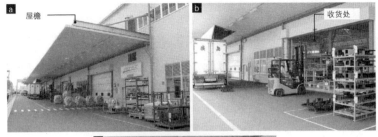

图1-2　极力防止外部粉尘侵入工厂内的措施

（a）通过把收货处的屋檐做得长一些，卡车和叉车、零件都可以避免淋雨。（b）收货处安装了卷帘门，向里面搬运零件时打开卷帘门。(c) 叉车放下零件退出收货处时立刻关闭卷帘门。

日市工厂，叉车上装有开关，司机在运送零件时可以控制卷帘门的开关。如果工人不小心忘记关闭卷帘门，会被管理人员狠狠责骂一顿。

五日市工厂做到这种程度，是为了保持工厂内的高度清洁——只在必要时打开卷帘门，其他时间保持关闭，能够最大限度地减少来自工厂外的垃圾侵入，如卡车轮胎上附着的泥沙等。把屋檐做得长一些，能够保证即使在下雨天搬运零件，零件也不会被淋湿（雨水中不仅有微小的垃圾，其中的水分还会导致零件生锈）。

尽管比不上半导体行业的无尘室，但是在中大型机械产品的组装工厂中，能在建筑物上如此下功夫维持高清洁度的"仅此一家"（该公司人士）。

▶保护液压动力单元不沾粉尘

为什么五日市工厂如此执着于高清洁度？神钢建机常务执行董事、国际机械工程中心总负责人木下章表示："为了保持日本国内工厂能够生存下去，我们必须打造出全球最高品质。"

即使坚固如液压挖掘机，也有被品质问题困扰的非常精细的部分，如液压动力单元。构成液压动力单元的液压控制阀部分即使混进非常微小的粉尘，也有可能导致液压无法正常切换，进而引发挖掘臂与操作方向相反（向下）、无法挖掘地面等故障。客户如果遇到这种情况，一定会投诉。

该公司以前调查过混入粉尘的原因，发现生产工序中混入粉尘的情况是最多的。于是，五日市工厂决定把焊接工序和组装工序分开，使其分别在不同的楼里完成。其中，焊接工序主要是把钢板焊接到一起，使挖掘臂和框架等构造顺利成型；组装工序主要负责在成型的基础上把各部分零件组装成完整的液压挖掘机。把两道工序分开完成，是为了防止焊接工序中产生的气体、火花等粉尘混入液压动力单元中。

此外，组装楼里和往常一样，设置了一种被称为"防尘室"的无尘室，用于完成液压动力单元的组装（预组装）（图1-3）。为了防止混入粉尘，工人会先在管子前端盖上帽子，再把液压动力单元从无尘室里搬出来，进入关键组装工序。

图1-3　用于组装液压动力单元的防尘室

防尘室设置在组装楼里。在高清洁度的房间里组装液压泵、液压控制阀、往复运动气缸、配管等零部件，从而防止混入粉尘导致故障。组装完的液压动力单元会被转入组装工序。

但是，仅凭这些措施还不够完善。因为在实际生产中，容易混入粉尘的生产现场正是"摘掉帽子"这道关键组装工序，把液压动力单元的管子连结到建机主体上时，粉尘容易混入管子里。即使液压动力单元在无尘室生产完成了，只要组装楼里有粉尘，就没有任何意义。神钢建机意识到保持组装楼内清洁的重要性，于是在新工厂采取了本节开头所述的各项措施。

五日市工厂一直监视着粒径 20~49μm 的粉尘量。在其传统工厂［祇园工厂（位于广岛市）］，一小时的粉尘量约为 1200 个，而五日市工厂只有 55 个，减少了 95%。

通过这些措施，神钢建机切实提高了产品品质。在公司内部检查各环节中发现的粉尘原因导致的不合格件数中，2012 年平均为 0.1 件/台，2008 年为 5.0 件/台。也就是说，新工厂将这一不合格件数减少到了 1/50。此外，据木下章说，液压挖掘机的二手价格也在上涨。二手价格往往能够如实反映资产价值的高低，只要故障少，二手价格自然会上涨。这充分证明该公司液压挖掘机的品质切实提高了。

▶能够集中精力于手头工作的原因

五日市工厂还有一些旨在提高品质和速度的措施。其中，旨在提高品质的措施包括将组装楼的底板平齐化、平整化（图 1-4）。

该工厂的组装工序在自动运送生产线上完成。在自动传送

图1-4 地面平整化

　　五日市工厂将用于传送比较重的机械臂、框架（图片中为上框架）的传送带收到了地板下方。传送带的上方高度和地板一致，从而使组装工序落差为零。由于不再需要注意脚下的情况，工人更能集中精力在手中的组装工作上，从而提高产品质量。

线上，上框架或下框架等重物在传送带上慢慢向前输送，工人配合组装零部件。其独特之处在于该工厂在地板上挖了个洞，通过把传送带收进洞中，使传送带的上方高度与地板平齐，从而确保地板整体是平整的。

　　这种设计是为了保证工人能够集中精力进行组装。以往，工厂的组装工序是把传送带设置在地板上方，由于传送带与地板之间存在落差，工人作业时需要一边组装零部件，一边注意脚下，而留意脚下势必会分散手头工作的注意力。该工厂的设计消除了这种落差，使工人不必再顾虑脚下的情况。神钢建机生产总部广岛事业所、五日市工厂制造室室长兼制造技术室室长森田博史说："这样做能够确保工人把精力集中到手头作业上，从而让生产品质稳定在更高的水平。"

▶ 全球最快生产

此外，五日市工厂还采取了提高速度的措施，如改善零部件和半成品的搬送方式。该工厂设计了一种旨在提高速度的生产线，并且引进了相关设施。投产准备阶段缩短到了 4.6 天，为以往的一半。据森田博史介绍，其他公司约需要 8 天，因此五日市工厂的投产准备阶段可以说是全球最短的。

该公司设计的是"消除工序之间的间断"的直接连结式生产线。液压挖掘机需要按照焊接工序、涂装工序、组装工序的顺序进行生产，该公司通过使用自动运送机把这些工序安装在了一条连续的生产线上。

以往，各道工序都是分开的，上一道工序加工完成的半成品会被推车或起重机运送至下一道工序中。问题是，在每道工序都各自独立的情况下，追求效率容易陷入"部分最优（忽略整体）"的尴尬境地，所以工序之间容易积存半成品库存。直接连结式生产线在这一点上做出改善，最终做到了"半成品库存归零"。

其中的秘诀在于使上一道工序与下一道工序部分重叠，并在上一道工序结束的同时开始下一道工序。具体来讲，焊接工序的最后一步是点检工序，在做这道工序的同时，要做好涂装工序的准备工序，然后在涂装工序的最后一步（脱荷工序）同时准备组装工序的第一道工序。

但是，在构建直接连结式生产线时，焊接工序和组装工序要在不同楼里操作成了难题。于是，五日市工厂决定采用搬送的方式来解决——在室外（焊接楼和组装楼之间）设置自动搬送机的轨道（空中轨道），联结两道工序。

焊接后成型的框架等半成品从空中轨道运送下来后，会被放置在焊接楼的出口处［图 1-5（a）］。前一个半成品在涂装工序处理完，轮到等待在出口处的半成品时卷帘门打开，操控焊接楼一侧空中轨道末端的用于联结的可动部位，与室外的轨道进行联结［图 1-5（b）］。此时，组装楼的卷帘门也打开了。就这样，半成品吊在空中轨道上在室外移动［图 1-5（c）］，进入组装楼后卷帘门即刻关闭［图 1-5（d）］。同时，焊接楼一侧的联结轨道折叠回原位，焊接楼的卷帘门也关闭。组装楼的第一道工序是涂装工序，从焊接楼传送过来的半成品就吊在空中轨道上直接进行涂装。这一措施同时兼顾了清洁度和速度。

图1-5　连结起焊接楼和组装楼的自动搬运机的轨道

（a）在焊接工序上成型的上框架吊在空中轨道上，轮到其组装时卷帘门打开。（b）焊接楼一侧的空中轨道末端的可动部位与室外的轨道连结起来。（c）当轨道连结成一体后，上框架在两栋楼之间移动。（d）进入组装楼后，第一道工序是涂装工序，卷帘门关闭。

▶**超越汽车生产企业，半成品库存为零**

利用直接联结式生产线消除工序间的半成品库存，这一理念在很早之前就有了。据神钢建机的森田博史说，其他公司都没有实现这一理念的原因，在于"他们总担心出现产品数量不够或者不合格的情况"。

半成品库存归零，意味着如果出现故障就要立即停下生产线。约200名员工停下手头的工作，这是一笔需要掂量掂量的损失。据悉，很多企业由于顾虑这一点，最终没有采用直接联结式生产线。森田博史说："汽车生产企业也一样，有很多公司的涂装生产线旁边堆满了半成品库存。"

其实，神钢建机在建设五日市工厂之前，就把零部件供应商一起发动起来，采取过一些改善措施，目的在于在指定的交货期内收到品质良好的零部件。据了解，该工厂会提前一个月制定生产计划，能够按计划生产液压挖掘机。其中，保持清洁度与将地面平整化等措施也帮助工厂提高了速度。

神钢建机表示，目前利用直接联结式生产线的企业只有日本企业，因为"想要就能得到优良品的只有日本"（森田博史）。五日市工厂巧妙地利用了日本零部件供应商层面的优势，实现了全球最快生产。

03　SYVEC 地下工厂：追求品质

——在地下 11 米完成模具的超精密加工，打造低振动、恒温的终极环境

供应汽车零部件等产品的 SYVEC 股份有限公司（位于长野县盐尻市，以下简称"SYVEC"）董事长平林巧造谈到"在地下 11 米处建立金属模具加工新工厂"的想法时解释说："在日本，工厂要想生存下去，必须不断追求最先进的技术。我们的答卷是实现地下工厂终极的加工环境。"该工厂于 2012 年夏天竣工，同年 9 月正式投入使用（图 1-6）。

地下工厂的入口 地下工厂的内部

图 1-6　地下 11 米处的金属模具加工工厂

SYVEC 在地下 11 米处建立的金属模具加工工厂的入口和内部照片。

SYVEC 在长野县盐尻市的总部工厂旁边新购入了约 1.5 万 m^2 的土地，用于新建地下工厂。除了约 7500m^2 的生产线楼（地上）外，该公司在此处还有约 2500m^2 的金属模具加工地下工厂（图 1-7）。建设费用约为 18 亿日元，而该公司的年营业额约为 20 亿日元，这笔费用对于该公司来说是一笔孤注一掷的投资。

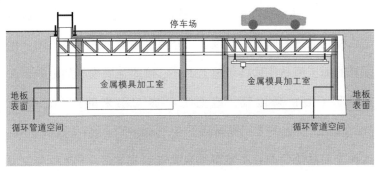

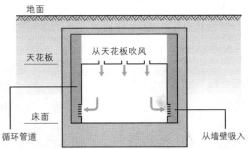

图 1-7 地下工厂的内部构造

金属模具加工室的两侧设计了循环管道空间，空气每小时可循环约 100 次，温度保持在 23±0.3℃。

▶提高金属模具的加工面品位

SYVEC 不是第一家在地下深处建工厂的企业。例如，山崎马扎克 OPTONICS 曾经于 2007 年 12 月在地下 17 米处建立了一座用于组装激光加工机的工厂。但是，在地下建立金属模具加工工厂的，只有 SYVEC。

SYVEC 在地下建立金属模具加工工厂，首先是为了提高金属模具的加工质量。据该公司介绍，在地下工厂加工的金属模具的加工面品位远高于地上工厂。按照金属模具加工的表面粗糙度（Rz）来比较，地上工厂加工出来的产品一般在 0.678μm，而地下工厂提高到了 0.308μm。"不必从数值上看，这种表面品质的差异明显得一眼就能看出来。"平林巧造说道（图 1-8）。地下工厂改善了加工表面的不均衡差异。

地下工厂 表面粗糙度（Rz）：0.308μm   地上工厂 表面粗糙度（Rz）：0.687μm

图 1-8 改善加工表面不均衡的问题

图中分别显示了在地上工厂和地下工厂用高速加工中心完成的产品表面情况。地上工厂完成的产品的表面粗糙度为 0.687μm，而地下工厂提高到了 0.308μm。

在地下加工能够提高金属模具的表面品位，是因为地下工厂实现了极细微振动的加工空间（图1-9）。例如，在地上工厂约40dB的平均振动值（Z方向），在地下工厂基本能够减弱到约20dB。平林巧造说："这20dB的差值意味着振动值基本减少到了原先的1/10。由于产品在基本没有振动的环境中完成了加工，所以加工精度会有所提高。"

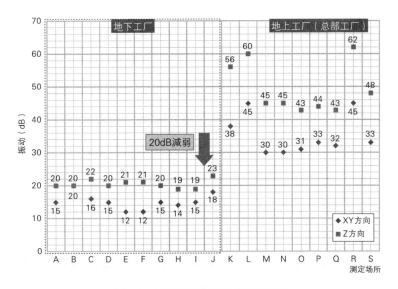

图1-9　不易受振动影响的地下工厂

地上工厂在 Z 方向上的平均振动值约为 40dB，而地下工厂只有约 20dB。

SYVEC如此执着于金属模具的加工精度有其原因。该公司的主力产品是汽车用零部件和减速器用零部件等，而该公司的优势在于采用低价位的冲压加工来实现与切削产品几乎同精度的零部件。平林巧造说："为了让客户相信我们能够实现一流的零部件精度，选择 SYVEC 供应零部件，我们必须彻底提高产品的表面品质，所以需要建地下工厂。"

▶地下工厂有助于打造恒温环境

除了能够实现低振动以外，SYVEC 建地下工厂还有一个原因：要想最大限度地发挥该公司在工厂中使用的超精密机械的特性，恒温环境必不可少，而地下工厂更容易实现恒温环境。结果显示，地下工厂确实能够大幅降低温度调节的负荷。

在地下工厂，该公司实现了其认为的金属模具加工环境所必备的 23±0.3℃ 的温度（图 1-10）。而在地上工厂，要想达到这一目标需要付出巨大的温度调节成本，因为该公司所在的长野县盐尻市的室外气温年变化接近 30℃。地下工厂的年温度变化则非常小，在地下 5 米深的地方，年温度变化能够控制在 5℃ 以内。因此，该公司在地下 11 米处建地下工厂时将天花板高度设计为 5 米。值得一提的是，地下工厂的基础部分（高 1 米）采用了防震材料，即使去除这一高度，地下工厂的上部也位于深 5 米的位置。

结果，温度调节的成本与地上工厂相比减少了一半，约 18 亿日元的设备投资能够在 10~12 年收回。

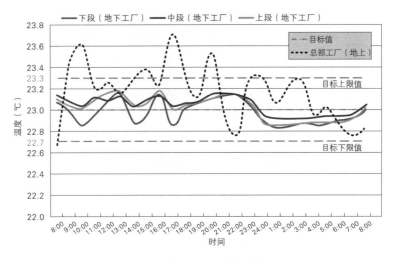

图1-10　在温度稳定性上具有优势的地下工厂

地上工厂的温度根据时间而变化，地下工厂的温度则相对稳定，保持在一定温度范围内。

为了最大限度地利用低振动且恒温的终极加工环境，地下工厂引进了最先进的加工机器。其中之一，是该公司与牧野铣床制作所共同研发的超精密切削加工机"EG-3010"（图1-11）。平林巧造介绍说："这是全球首台能够将3m×1m的大型加工范围内的齿距精度控制在±1μm以下的设备。这种设备全世界只有两台，一台在我们这儿，另一台在牧野铣床制作所。"牧野铣床制作所也认为研发用于地下11米的终极加工环境中使用的设备，是一个挑战技术高度的好机会。

图1-11 引进最先进的设备

SYVEC 在这所地下 11 米处的工厂里引进了最先进的设备。图中为该公司和牧野铣床制作所共同研发的超精密切削加工机 "EG-3010"。

▶装满梦想的工厂

SYVEC 把这个地下工厂称为 "梦工厂"（图 1-12）。2009

图1-12 平林巧造与其亲笔写的 "梦" 字

SYVEC 董事长兼社长平林巧造主导了地下 11 米工厂的建造。

年，主导建设这所梦工厂的平林巧造从父亲手中接过公司，就任社长，时年 29 岁。就任社长时，平林巧造宣称："我们公司的梦想是让员工做自己喜欢的工作，让家人幸福，为客户、家乡、社会做贡献。"这个装满梦想的工厂就是新建的地下工厂。

实际上，平林巧造在建地下工厂时设定了一个前提：一定要在日本国内建，不能去海外建。平林巧造说："将在日本才能做到的制造业一直延续下去，这是我们的生存措施之一。"为此，平林巧造计划未来一边和日本的设备生产企业合作，一边继续追求最先进的技术。

山崎马扎克 OPTONICS：

利用防止粉尘侵入的地下工厂缩短投产准备期

山崎马扎克 OPTONICS 是山崎马扎克（MAZAK）负责生产激光加工机的生产子公司，位于日本岐阜县美浓加茂市，拥有一座位于地下 17 米（包括地基）的、总地板面积约 1 万 m^2

的组装工厂（图1-13）。该工厂2007年12月竣工，是日本地下工厂的先驱工厂①。

客户专用出入口

组装工序（地下）

图1-13 山崎马扎克OPTONICS的地下工厂

在地上设有金字塔般的客户专用出入口和停车场，乍一看仿佛是一座公园。

该公司和SYVEC一样，认为地下工厂具有低振动且恒温的优点。此外，该公司选择建地下工厂还有一个原因——提高激光加工机的组装精度（追求质量），并通过在地下工厂组装缩短投产准备期（追求速度）。

山崎马扎克OPTONICS强调地下工厂还有一个优点，那就

---

① 山崎马扎克OPTONICS的地下工厂获得了日本"平成20年度土地活用典范大奖国土交通大臣奖"。

是粉尘很少。一般工厂中，1ft^3（28316.8cm^3）的空气中含有 300 多万个粒径 $0.5\mu\text{m}$ 以上的粉尘，而该公司的地下工厂中的非常少，仅有大约 10 万个。

这一点在激光加工机的组装作业中至关重要。激光加工机拥有多个包含镜子等光学系零部件的组件，如果组件里混进了粉尘，光学系零部件就有可能出现问题。为了防止出现这一问题，该公司以往在组装组件时，都会特意进行清洁作业。但新建地下工厂后，就不必再花时间做清洁了，从整体结果上来看，缩短了投产准备期。

工厂里随处可见为了减少粉尘而采取的措施。例如，工厂只有客户专用和员工专用两个出入口①。资材搬到被称为"前室"的专用房间里，通往外面的门和通往工厂的门原则上不能同时打开（图 1-14）。地下工厂建在山丘的斜面上，前室的入口与普通道路等高，因此运进资材或搬出完成品时不需要使用电梯等升降设备。通往工厂里的外部空气也经由过滤器输送。

这些措施的效果还显示在了意外的地方，如该公司员工惊喜地发现，自己的花粉症得到了有效缓解。

---

① 此外，该工厂设有六个发生灾害时使用的避难口。发生灾害时，全部人员能够在 3 分钟内撤离避难。

图1-14 资材搬入前使用的"前室"

图片深处透光的地方是通往外面的门，卡车无法进入。

04 小松大阪工厂：追求品质和速度

——工厂中出现工程机械完整图像，事前反映出熟练工人的操作

小松股份有限公司（以下简称"小松"）在工厂并设的研发中心引进了一种新手法，使员工能够进入三维（3D）虚拟空间，一边观察眼前实物大小的建机模型，一边在试作前确认组装难度（实装性），目的在于提高产品质量和缩短研发周期。

小松的各主要工厂都有自己的产品研发部门。工厂和产品研发部门之间距离很近，可以与工厂密切合作、研发产品。

产品研发部门引进的是一种大型虚拟现实技术"4 面 VR 系统"，能够按照实物大小来立体观察大型建机，通过把研发中的建机 3D 模型立体投影在大型荧幕上，对泵和引擎等机器的组装难度、点检与保养性能、修理难度、驾驶席的视野与安全性能等方面进行检验。由于在早期就包含了生产现场和维修现场的意见，所以有助于提高设计品质、缩短研发周期。

　　主要生产无限轨道式大型建机的大阪工厂（位于大阪府枚方市）于 2011 年 5 月引进了"4 面 VR 系统"（图 1-15）。据该公司研发总部建机第一研发中心部长高田彻说，在实际应用中，该系统大幅减少了试作车完成后的返工问题。以往如果没有试作车，就无法完整地评价车辆的实装性、维护性和操作性等性能，而借助该系统能使设计上的提前研究成为可能。

图 1-15　大阪工厂内的研发中心

2011 年在更新研发中心时引进了"4 面 VR 系统"，目的在于利用 IT 工具提高上游的设计质量。

　　通过在早期发现问题、减少完成图纸后的较大的设计更改，设计的下游工序方面的研究变得更加从容、细致了，有助于工厂研发易于生产且使用简便的产品。

在试作前进行评价这一点也受到了其他工厂开发人员的一致好评。建造轮胎式建机的茨城工厂（位于茨城县那珂凑市）于 2012 年 12 月，生产中小型建机的粟津工厂（石川县小松市）于 2013 年 3 月相继引进了该系统。

▶仿若实体机器在眼前

作为引进该系统的先驱工厂，大阪工厂的"4 面 VR 系统"由正面、左右面、底面共 4 面构成的箱型屏幕，以及向每个面上 3D 投影的 4 台美国 Christie Digital Systems 公司生产的大型投影机、8 台英国 VICON 公司生产的动态捕捉相机、4 台采用美国 NVIDIA 公司图形处理器（GPU）的日本 SGI 股份有限公司的电脑"Asterism"组成（图 1-16）。箱型屏幕的大小为长 4.4m×高 2.9m×宽 2.9m，正面及左右的屏幕从背面投影，底面的屏幕由安装在天花板上的投影机投影。这是一种只有建机生产企业才会使用的大型系统。

使用者戴上专用的 3D 眼镜，进入箱型屏幕的里面。眼镜上有很多标记，在动态捕捉相机捕捉到的标记位置的基础上，检测出使用者的位置及其面向的方位，根据其视野进行

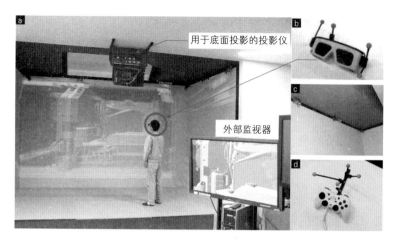

图1-16 大阪工厂的"4面VR系统"

（a）向正面、左右面、底面的4个荧幕上进行3D投影。箱型屏幕的大小为长4.4m×高2.9m×宽2.9m。（b）专用眼镜上有几个凸起，前端有作为标记的小圆球。（c）根据动态捕捉相机捕捉到的标记位置来判断使用者的位置和面向的方位。（d）用于大幅移动3D模型的控制器由游戏手柄改造而成。即使没有使用过CAD，也能凭直觉进行操作。

投影①。

例如，当使用者略微倾斜身体绕到背后去看侧面时，系统会根据其视野投影3D影像。对使用者来说，建机仿佛就在眼前（投入感），其能够进入3D虚拟空间内观察建机，甚至进入建机内部。

虽然该系统只能追踪一人，但其他使用者戴上专用眼镜也

---

① 茨城工厂、粟津工厂的VR系统的基本构成和大阪工厂的相同，但屏幕大小有所不同。两所工厂的动态捕捉相机采用了德国ART公司的产品。

能看到同样的 3D 影像。此外，屏幕的外部设置有大型监视器，第三方可以通过它来客观确认驾驶员或维修员的动作、视点，以及机械的动作等。高田彻说："多个相关人员也能够边交流边进行评价。"

实际上，小松曾经把 3D-CAD 的画面投影到大型屏幕上，使用 3D 模型来进行事前评价。但要想从各种视点观察 3D 模型，还是需要设计者来操作 CAD。"4 面 VR 系统"则没有这么繁杂。

▶ 试作前把握组装的难易程度

小松把这一系统应用在被称为"评价会"的设计评审上。像之前介绍的那样，通过在设计阶段对生产过程中的泵或引擎等的实装性、维护性等进行评价，能够预防试作后的大规模返工。

该公司引进了一种制度，把实装和维护等各技能领域的拥有高超专业技能的第一人认定为"MYSTAR"。在评价会上，各领域的 MYSTAR 戴上专用眼镜进入虚拟空间，观察实物大小的 3D 模型并做出评价。例如，检查维修时空间是否足以让工人使用拧紧螺丝的工具、手是否够得着、驾驶席的变速杆和里程表的位置是否合适、视野是否足够开阔等问题（图 1-

17）。高田彻说："通过观察实物大小的 3D 模型，我们更容易把握问题点了。"

图 1-17 "4 面 VR 系统"的使用场景

（a）显示的是在引擎室上打开配电板的情形，底面的屏幕上显示着引擎室里的情形。(b) 模拟的是坐在驾驶席上的情形，在使用者看来，操作面板和变速杆仿佛就在自己身边。

MYSTAR 认为，根据图纸或小模型无法完整地进行评价，不生产并实际触摸到试作车就无法完全进行探讨。"4 面 VR 系统"可以根据头部位置或朝向方位来投影，因此使用者只要做出窥视等动作，就能看到实物近在眼前般的 3D 影像。由于其也不需要使用鼠标或键盘来操作电脑，所以"MYSTAR 可以自己完成逐步检查"（高田彻）。

对于设计失误或疑似不合理的地方，通过当场研究对策、修正 CAD 模型并投影到屏幕上可以当场决定是否妥当，从而大大缩短评价与修正的周期。大阪工厂已经把该系统应用在了评价维护性能上。

最近，越来越多的设计人员把"4 面 VR 系统"应用在评价会实施前。由于只要有 CAD 数据就能轻松进行操作，所以设计人员可以在评价会前利用该系统事前检查并确认维护性能等状况。

"4 面 VR 系统"获得了 MYSTAR 和设计人员的高评价，且在粟津工厂新投入使用的系统中还搭载了新机能。大阪工厂和茨城工厂的系统只能追踪使用者的角度，而粟津工厂的系统具备了两项独特功能：一是能实时测算使用者全身数据并立体投影出人体模特的"人体追踪"功能；二是把手和手指的细微动作投影为 3D 模型的"手指追踪"功能①。使用者只要一动，虚拟空间里的人体模特和手指模型就会跟着动，让使用者能更详细地研究维护性、实装性等性能（图 1-18）。

▶ 希望全面活用3D

自 1996 年引入 3D-CAD 技术以来，小松就开始致力于设计数据的 3D 化。通过引进 3D-CAD 技术，小松能轻松把握可动部位的零部件之间的干扰等情况。

但是，3D-CAD 技术无法对人机界面进行完整探讨与评

---

① 身体和手指上戴着标记，用动态捕捉镜头追踪其位置和动作。

利用者

图1-18 能够显示人体模特的粟津工厂的"4面VR系统"

在虚拟空间里，除了投影产品模型以外，还可以追踪使用者全身数据并投影成人体模特。人体模特反映着左侧的使用者的动作，显示在外部监视器上（图中的圆圈处）。这样能更详细地了解手脚、身体与产品之间的干扰情况。（图片来源：小松）

价，如维修人员的手是否伸得进去、脚下有没有足够的空间等问题。高田彻解释，使用3D-CAD技术并配合建机3D模型和人体模特进行验证的方法受到了限制①。

---

① 茨城工厂以往还引进了头戴显示器（Head Mount Display，HMD），但由于该系统只能使用专用格式的数据，所以单是转换3D-CAD数据就需要半天时间。而"4面VR系统"不需要转换数据，可以按照实物大小来立体观察3D模型。

未来，高田彻的理想是在具备设计机能的海外生产地点也引进"4面VR系统"。小松还没有拟定具体计划，但只要日本国内与海外的"4面VR系统"能够通过网络连接起来，就能让各生产地点的专家观察到同样的3D模型并进行评价，从而使外国技术人员能直接对海外规格的产品进行评价。

05　三菱电机郡山工厂：追求环保性能

——最新办公楼隔热、太阳能发电，减少 25% 的二氧化碳排放量

从 JR 郡山站沿国道 4 号线南下 1000 米左右，就能看到三菱电机郡山工厂的新厂房。厂房采用平房样式，用于生产网络摄像机和录音设备，乍一看似乎没什么与众不同的地方，但实际上，它却具备最先进的环境性能——通过太阳能发电和提高保温性能使二氧化碳（CO_2）的排放量减少了 25%（图 1-19）。

该工厂经历过 2011 年 3 月的东日本大地震，受灾非常严重。原有的 4 栋生产楼全部损毁，被迫停工了一个多月。之后，工作人员把生产设备搬到了幸免于难的食堂里，准备重新开工。然而，这种非常时期的非常模式不可能一直持续下去。于是，三菱电机决定重建厂房。

新厂房汇集了原有的 4 栋生产楼的功能（生产品目和生产能力），于 2012 年 6 月竣工，同月投入使用。

图 1-19　提高环境性能的方案

该工厂采用了很多提高环保性能的方案，如利用太阳能发电、使用提高建筑物保温性能的建筑材料等。（图片来源：《日经制造》杂志依据三菱电机的材料制作而成）

▶密集无缝隙的面板

重建厂房时重点关注环境性能，是因为整个公司都在努力减少生产时的 CO_2 排放量。根据三菱电机 2012~2014 年发布的《第 7 次环境计划》，减少生产时的 CO_2 排放量是实现低碳化社会的核心措施。在设计新工厂和新厂房时，需要考虑如何减少 CO_2 的排放量。

标榜以减少 CO_2 排放量为目标的企业有很多，而郡山工厂的新厂房为了实现该目标总共投资了约 13 亿日元。如果只是为了恢复以往的生产能力，根本不需要投入这么多的资金。

上文提到的《第 7 次环境计划》列举了减少 CO_2 排放量的具体方案，如节电或引进太阳能发电。郡山工厂的新厂房正是应用这些方案的最新事例。由此，新厂房的年 CO_2 排放量与以往的旧厂房相比减少了 224 吨（CO_2 换算量）[①]。这一数值是旧厂房 CO_2 排放量的 25%，相当于整个工厂 CO_2 排放量的 10%。

在减少 CO_2 排放量方面效果最好的措施是太阳能发电。郡山工厂使用了 1792 个最大输出功率为 225W 的太阳能板，整体的最大发电能力达到了 403.2kW，年最大发电量达 37 万 kW·h，由此使年 CO_2 排放量减少了 156 吨。

2013 年 4 月上旬，该太阳能板输出功率达到 280kW 左右（天气晴）。据悉，在光照较充足的夏季，输出功率能够提升到接近最大发电能力的 380kW 左右。郡山工厂在生产线正常运转时的耗电量约为 700kW-1000kW，因此整个工厂消耗电能的四成左右是太阳能发电来补充的。

从制造业整体来看，郡山工厂不算是大规模工厂，除了它一定还有借助太阳能板发电的工厂和发电量的绝对值更高的工厂。但是，像郡山工厂一样在厂房屋顶上不留缝隙地铺满太阳能板的几乎没有。三菱电机 COMMUNICATION · NETWORK 制

[①] 此处的数值是根据 2012 年 6 月~2013 年 3 月的实际数值来推测的年 CO_2 排放量。

作所副所长奥田博志自信地表示："在灵活利用有限空间这一点上，我们是非常先进的。"

▶ 工厂的绝对保温性

在减少 CO_2 排放量上，效果仅次于太阳能发电的措施是温度调节。利用新建厂房的机会，三菱电机采用了温度调节效率高的建筑构造，从而使年 CO_2 排放量减少了 48 吨。

这种做法源于提高建筑物保温性能的想法。建筑物的保温性能指标，如年热负荷系数［PAL：Perimeter Annual Load，单位是 MJ/（m^2·年）］，是用室内骤变空间的年热负荷（从外部进入的热量和内部产生的热量的总和）除以室内空间的地面面积得到的，数值越小意味着保温性能越好。日本《关于合理使用能源的法律》（节能法）要求保温值不能高于根据建筑用途规定的标准值。

郡山工厂新厂房的 PAL 是 178.3，这一数值达到了在城市中心建造的最新高层办公大楼的水准。由于多层建筑能够将屋顶接收到的太阳光的热能分散到各层，而平层建筑做不到这一点，因此一般认为平层建筑不利于保温。实际上，节能法中规定的平层建筑的 PAL 标准值要宽松得多。

郡山工厂新厂房通过大量使用高保温性能的建筑材料，如多层玻璃窗、窗户保温膜、搭载有玻璃墙的外壁保温板（玻璃墙厚 50mm）、双层屋檐（厚 100mm）等，实现了工厂压倒性的保温性能。除此以外，最低限度地减少窗户数量、在屋檐下铺满太阳能板等做法也有助于提高工厂的保温性能。三菱电机三年前竣工的其他工厂的 PAL 约为 250，由此可见，郡山工厂新厂房的保温性是非常优秀的。

准确来讲，178.3 这一数值是新厂房办公室部分的 PAL。按照节能法，工厂用途的建筑不属于 PAL 的限制对象，因此没有计算新厂房生产区域的 PAL 数值①。但是，由于生产区域的窗户数量比办公区域还少，因此生产区域的 PAL 数值应当低于 178.3。

▶ 推动节省空间

郡山工厂新厂房在内部构造上也下了很大功夫：占据生产线大部分的实装工序（向印刷板上安装电子零件的工序）和组装工序中，通过空间分隔（隔断）把容易受温湿度变化和灰尘等影响的实装工序与外部隔离开，实行细致的温度调节管

---

① 按照节能法，办事处的 PAL 标准值是 300（平房建筑为 360），即使从这一数值看，新厂房的保温性能也非常高。

理，如控制温湿度、利用过滤器和正压化来防止灰尘等（图
1-20）①。

图1-20 实装工序

通过隔断将实装工序与外部分隔开，进行非常细致的温度调节控制。

此外，组装工序不需要像实装工序那样进行严格管理，能
够将温度调节所耗费的能量控制在最低限度。与实装工序隔离
后，温度调节管理变得更灵活，从而能够减少整体的能源消耗
量和CO_2排放量。

在温度调节方面，建筑物的保温性能和构造有利于减少

---

① 在实装工序上采用细致的温度调节管理还出于提高质量的目的。
这样有利于降低不良率，减少二氧化碳的排放量。

CO_2的排放量。此外，重新审视生产线的组建方式，还对彻底节省空间起到了非常重要的作用。节省空间这一想法诞生的契机，是前述地震后三菱电机在食堂的生产。要在比生产楼狭窄得多的食堂里进行生产，就必须尽可能压缩工序之间的空间。在此经验的基础上，新厂房实现了组装工序效率化，使单位面积的生产效率提高到了原来的3倍左右（图1-21）。只要提高了单位面积的生产效率，能源消耗量也就自然减少了。

按照最初的计划，与温度调节相关的CO_2排放量最多能够

图1-21 组装工序

利用地震后的经验节省了大量空间，同时减少了CO_2的排放量。在组装工序上安装了工厂生产的网络摄像机，通过协助工人进行操作影像分析，进一步节省了空间。

减少 10 吨。但通过这一系列措施，CO_2 排放量实际减少了 48 吨，远远超过了计划数值。打造充满最先进技术的建筑、采用能提高生产现场生产效率的措施，凭借这两大举措，三菱电机不断提高了工厂的环境性能。

06 欧姆龙绫部工厂：追求环保性能

——用 158 个传感器对过程进行定量管理，节能、质量佳且生产率高

在日本京都府绫部市有一家欧姆龙股份有限公司（以下简称"欧姆龙"）的绫部工厂，里面到处都安装了传感器，共158 个，能够 24 小时不间断地监测每台设备和每道工序所消耗的电量数据（以下简称"电量数据"）、运作情况和由于外部扰乱等造成微妙变化的环境数据（如粉尘量、温度、湿度、空气的流通量等，图 1-22）。在此基础上，欧姆龙在保证质量和生产效率的同时采取了严密的节能措施。

该工厂采用的是典型的多品种少量生产的生产方式，每年生产 2.8 万种、约 1 亿个 FA① 专用传感器（图 1-23）。绫部工厂是欧姆龙引以为傲的母工厂，承担着生产高附加值传感器的任务。除了生产技术，其在节能方面也走在全球工厂的前列。

---

① FA：Factory Automation，工厂自动化，也称车间自动化。——译者注

图1-22 欧姆龙绫部工厂的生产工序和生产设备上安装的传感器

（a）在实际安装电子零件的工序上安装了电量监控器和空气流通量传感器。在无尘室内的 IC 的黏合与成型工序上安装了（b）压差传感器、（c）电量监控器、（d）颗粒传感器和静电传感器。欧姆龙通过这些措施来实时计量电力数据和环境数据。

图1-23 绫部工厂生产的 FA 专用传感器

该工厂每年生产2.8万种、约1亿个产品。

2011 年 3 月东日本大地震发生后，鉴于严重的电力不足问题，日本生产企业开始加速推进节能活动。然而，多数企业仅停留在调节办公室的温度和照明的程度。总而言之，就是要求员工尽量忍耐，这是相对比较容易做到的节电措施。

欧姆龙绫部工厂最大的特点在于彻底灵活利用该公司生产的传感器，把生产工序方面的节能做到了极致。办公室的节能已经做到了极致，所以接下来就要把焦点转移到生产工序上安装的各个设备的消耗电量上，而想在这方面实现更佳的节能效果是非常难的。

▶ 深入问题核心

实际上，日本生产企业容易在生产工序的节能方面踌躇不前，因为减少生产设备的耗电量有可能对产品的质量和生产效率产生不良影响。也就是说，为了优先确保质量和生产效率，即使生产设备的耗电量多一些，企业一般也会选择睁一只眼闭一只眼。

但是，随着办公室的节电达到极限，生产工序在工厂的整体耗电量中所占的比例越来越大。绫部工厂从 2010 年开始推进节能活动，当时办公室的耗电量和生产工序的耗电量比重分别为 52% 和 48%。

欧姆龙认为生产工序方面能取得很好的节能效果，于是开始在不影响产品质量和生产效率的基础上推进生产工序节能活动。为该活动提供支持的，就是本节开头提到的传感器。

具体来讲，绫部工厂在生产工序和生产设备上安装了 88 台电量监测器、30 台颗粒传感器、19 台温湿度传感器、11 台空气流通量传感器、5 台压力传感器、4 台压差传感器和 1 台静电传感器，以便 24 小时不间断地每隔 1 分钟监测一次电力、粉尘量、温度、湿度、空气流通量等数据，并且连续记录经过定量化的环境数据。

▶实时进行一元管理

这些电力数据和环境数据被公开在同样设置在生产工序上的、被称为"环境警报灯"的显示器上［图 1-24（a）］。环境警报灯在欧姆龙又被称为"电力、环境可视化系统"，能对电力数据和环境数据进行一元化管理，也能让在生产现场工作的员工都看得见，是能够让大家聚集在一起进行交流的工具［图 1-24（b）］。

在环境警报灯上，电力数据和环境数据用柱状图和折线图来表示。员工可以切换并详细观察从工厂全部楼层到生产工序、各个设备的所有画面。它也能显示目标值、标准值和过去

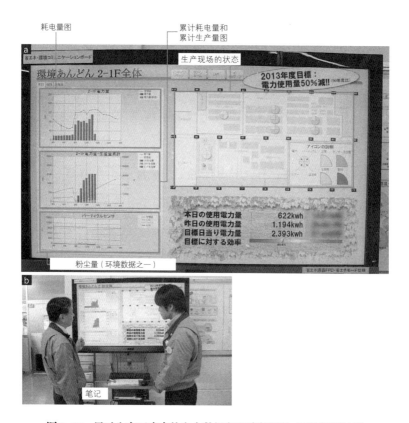

图1-24 显示生产工序中的电力数据和环境数据的"环境警报灯"

　　该工厂对传感器检测到的电力数据和环境数据进行一元化管理，制作成图表后简明清晰地显示出来。图中显示了每分钟的耗电量和积累情况，用柱状图和折线图表示生产量。环境数据中的粉尘量用折线图表示。(a)能够切换到工厂全部楼层和生产工序、各设备中，方便员工详细观察其状态。(b) 员工可以在此进行交流。

　　的数据，具备异常监视功能，当环境数据变化较大或出现异常数据时会发送警报，从而预防不良品的产生。

　　利用环境警报灯，绫部工厂通过比较分析电力数据和环境数据，在维持高质量和高生产效率的同时，得出了能够将各个生产设备的耗电量降至最低的生产条件。此外，通过实时将电力数据和环境数据定量化，工厂能够很快发现耗电量减少时的环境数据的变化。也就是说，由于能够科学掌握电力与品质、生产效率的相关性，绫部工厂可以判断出不影响产品质量和生产效率的终极节能状态。

例如，当耗电量减少时，记录下金属模具的温度数据，并在此基础上观察用该金属模具成型的树脂零件的质量状况。如果达到合格水准，则可以判断即使将金属模具温度下调至该数据也没有什么影响。这样就能在保证质量的基础上做到节能了。

在环境警报灯的前面有一个笔记本，任何人观察画面有所发现都可以记在上面。生产技术人员的主要工作是改变生产条件，他们不会放过这些"小发现"，因为这些小发现有助于实现更严谨的节能。

▶节能事例接连不断

通过引进搭配使用传感器和环境警报灯的电力数据和环境数据的可视化设备，绫部工厂的厂内节能进展迅速，接连发生了很多节能改善事例。

例如，在同时兼顾节能与减少颗粒的无尘室事例中，根据环境警报灯的提示，员工掌握了颗粒量的变化，确定了污染源并对警报做出了即时应对，从而将净化空气的设备（风扇过滤器组件）从"一直工作"调整为"适时工作"，减少了四成耗电量。由于颗粒量减少到了以往的 1/3 以下，所以产品质量也有所提高。

有些改良事例更加细致、有成效。其中之一，是操作人员完成的焊接工序的节能事例（图 1-25）。这道工序出现在单元

图 1-25　人工操控的焊接工序

过去，烙铁、除尘器、附带除静电设备的风扇过滤器组件等焊接所需工具一般会一直保持供电，而该工厂改成了只在必要时供电，从而将耗电量减少到了以往的 1/10。

式生产中，是操作人员需要完成的十道工序中的一道。操作人员只会在必要时打开电烙铁、除尘器和附带除静电设备的风扇过滤器组件的开关，平时一般让开关保持关闭状态。这样做既能保证质量，又能将耗电量减少到以往的1/10。

此外，该工厂还在以往数据的基础上把握质量和生产效率方面存在危险情况的环境数据，并选择事前采取措施进行预测控制。例如，当无尘室的粉尘突然增加时，可以预测超出管理标准的概率。概率越高，越要尽早加大风扇过滤器的风量，待概率降低后再减弱风扇过滤器的风量，运转非常灵活。可以说，传感器和环境警报灯的组合在提高质量和生产效率方面起到了未雨绸缪的作用。

07 大和房屋工业奈良工厂第一工厂：追求环保性能、客户应对力

——用"环境模型工厂"展示真实工厂，用实际数据彰显成效

大和房屋工业株式会社（以下简称"大和房屋"）重建的奈良工厂第一工厂，是一所关注节能和彻底灵活利用自然能源的一代环境工厂（图1-26）。单是太阳能电池这一项就设置了

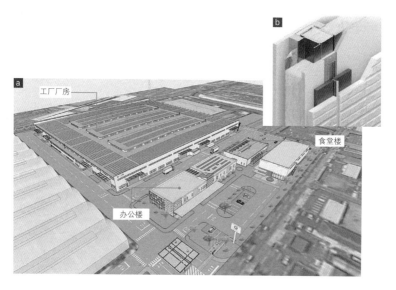

图1-26　奈良工厂第一工厂的完成预想图

3 种，包括用于大规模太阳能发电业务（全量卖电）的太阳能电池、自动追踪太阳的新型太阳能电池和与锂离子充电电池组合使用的太阳能电池等（表 1-2）。

在温度调节方面，该工厂引进了利用汽化热的凉风设备、调节 2 米以下人所活动的空间的置换温度调节设备、缓解冬季干燥的除湿温度调节设备、利用自然风的风道、减少温度调节负担（隔热保温）并利用自然光减少照明耗电量的"小屋顶"等。可以说，这是一座全面采用环境相关设备的工厂。

大和房屋这样做，是想把整个工厂做成展览厅，用于推销工厂。此处需要说明一下，该公司的主要业务是出售、建造独立式预备房屋，同时也承担工厂设计建造以及商业和物流设施建设，而该工厂是向客户展示公司新品牌的核心设施。大和房屋建筑事业推进部企划开发室环境技术小组组长山中裕二说："既有自己的工厂，又做其他公司的工厂建设外包业务的企业估计只有我们公司。"

虽然大和房屋在工厂的设计、施工方面要与大型综合建设承包公司竞争，但是大型综合建设承包公司往往没有自己的工厂。利用自有工厂的优势，大和房屋把自家工厂重新建设成了新一代工厂的展示厅，加强了自身服务客户的能力。

表1-2 奈良工厂第一工厂引进的主要建筑构造与设施设备

设置场所	工厂厂房				办公楼			食堂楼
名称	借助太阳辐射调整膜与"小屋顶"灵活利用自然光	大规模太阳能发电	利用汽化热的凉风设备	工厂可视化系统	风道与灯架	置换温度调节和除湿温度调节	锂离子充电电池和太阳能电池做非常用电源	太阳光发电与集热混合系统
外观及构造	"小屋顶"是把屋顶做成双层的结构,利用这种构造能够设置高窗和墙面上的采光窗户高度,能够最大限度地引入自然光。在此基础	工厂屋顶上铺设了4680个多结晶硅型太阳能电池。发电容量为1MW,年发电量为100万kW·h。	该设备通过喷嘴喷雾,利用风刮的风扩散到工厂内。雾气的颗粒直径为20μm~30μm,利用雾的汽化热来降低工	计量工厂内的生产设备、动力设备和照明设备等消耗的能源量(电力、天然气等)以及太阳光发电系统的发电	办公楼中设计了风道。由于是利用自然风和烟囱效果较高的效果(温度较高的空气上升的效果)在风吹过的空间里进行换气	置换温度调节不是调节整个建筑物的温度,而是只调节人所活动的高2米以下的区域,能够抑制耗电量。天花板	锂离子充电电池和太阳能电池,做非常用电源。太阳能的发电容量(30kW)中的10kW与容量为15kW的锂离子充电电池相连接,电池板	利用太阳光同时进行发电与集热回收的系统。利用自动追踪构造使断面为放射线状的镜子一直朝向太阳,高效集光。

（续表）

子公司和能源是运营主体，利用日本《可再生能源的固定价格买入制度》，把全部发电量卖给电力公司。年营业额约为4500万日元，会向客户提供收支业务收费数据等数据。	上配合高效率照明，能将耗电量减少80%以上。窗户上贴着太阳辐射调整膜，能够阻隔99%以上的红外线和紫外线，避免夏季阳光照射和紫外线升温引工厂内，造成产品质量劣化。此外，还引进了玻璃屋顶保温墙保温技术。
内的温度，仅在夏季使用。虽然会增加湿度，但最多在60%，不会令人不适。第一工厂将其与屋顶等配合利用，最多能使工厂内的温度降低7℃。	量，工厂内的温湿度，日射雨量，排水沟的水位等，使其可视化。在此数据的基础上据最佳化，从而节约能源。同时具备控制耗电量，电磁漏报等功能，位于异地的总部也能看到这些可视化信息。
因此春季和秋季用了这效果更好。此外，灯架是利用安装在窗户下面的反射阳光，再将其通过天花板反射向天花板采光扩散。工厂中可以同时引进风道和灯架。	较高的剧场就采用了这种手法。除湿温度调节是利用干燥剂汇集室外空气中的水分，给室内加湿的技术。其运行日不成本低且其需要给水设备，能减少水管理成本。有湿度管理需求的工厂需要这种技术设备。
即使电力公司的供电中断，也能保证部分电脑和照明设备正常使用。此外，工厂房里还引进了自家的发电设备，其中载有容量为336kW的柴油发电机引擎，能够保证备用电源的电力。该非常常重视发生灾害时的工作可持续性，因此引进了这些技术设备。	放射线的焦点部位装有筒状配管，贴有高效太阳能电池。配管中循环着液态热媒体，能把热水回收。系统发电量为每年8000kW·h，热量为每年13000kW·h。

▶让客户看到实际效果

第一工厂组装了外壁板，这是预制装配式房屋的主要材料。但是，自建成以来已经过去了数十年，建筑及生产设备的老化问题越来越严重。于是，大和房屋决定重建包括相邻的办公楼和食堂楼在内的所有建筑物。

事实上，这项重建决定是作为全公司的项目落实的。在第一工厂重建为展示厅的同时，大和房屋还打造了名为"D's SMART FACTORY"的新一代工厂的新品牌。这是该公司第一次为工厂命名，且第一工厂是以新品牌来吸引客户的核心设施。

工厂厂房、办公楼、食堂楼引进的建筑构造及设施设备的选择全部由该公司的工厂销售部门，即建筑业务推广部主导。其目标，是让有意在未来建设新工厂的客户实际感受到"第一工厂按照 CO_2 排放量换算，能够最大获得 50% 的节能效果"。山中裕二介绍道："按照我们的计划，第一工厂全部采用了新一代工厂所应具备的建筑构造和设施设备。此外，由于各种节能效果都能以实际数值展现，因此更具说服力。"值得一提的是，该工厂还设计了客户专用的参观路线，以方便客户直接参观建筑构造和设施设备。

▶3种目的不同的太阳能电池

笔者将以太阳能发电系统为例，讲解第一工厂采取的各项措施。此次重建项目设计了3种系统，且每种系统的目的各不相同。

大和房屋在工厂厂房的屋顶全面铺设了多结晶硅型太阳能电池（发电容量1MW的大型太阳能电池），共计4680个，利用日本《可再生能源的固定价格买入制度》做卖电业务。为便于客户理解该业务的收支情况，大和房屋向客户提供了数值数据，如设置费用、维护费用，以及能否完成计划的卖电营业额的数据等。

此外，该工厂还在食堂楼里设置了"追踪集光型太阳能发电+集热混合系统"。该系统由东京大学发起的风投企业智能太阳国际（SMART SOLAR INTERNATIONAL）开发，日本首次将其应用于工业领域。

该系统利用自动追踪构造，使断面为放射线状的镜子一直朝向太阳，高效集光。在放射线的焦点部位安装有一个筒状的高效太阳能电池，汇集的阳光收集到这个太阳能电池里进行发电。同时，该系统还可以在集光的同时集热，筒中循环着液态的热媒体，能够回收热能。借助这个热能加热60℃的温水，可供食堂使用。由于工厂厂房中没有使用热能的工序，所以该系统被设置在了食堂里，但很多需要使用热能的食品工厂可以选择设置在工厂的屋顶上。

该系统属于小规模系统，年发电量为 8000kW·h（发电容量 7.5kW），年热量为 13000kW·h。大和房屋计划推广普及的不是该系统，因此它主要用于确认实际运转率、发电量、热量、收支等的实证试验。大和房屋首先会向客户提供这些数据。

办公楼的太阳能电池是和非常用电源（备用电源）锂离子充电电池一起工作的。发电容量 30kW 中的 10kW 来自太阳能电池，和容量为 15kW·h 的锂离子充电电池一起工作，即使电力公司的供电中断，也能保证最低限度的电力供应。因此，"强化办公持续性"是大和房屋的一大宣传点。

▶ **夏季降温7℃**

该工厂在温度调节方面提供了多种选项，并且注重用数值数据来显示实际效果。例如，大和房屋用"工厂可视化系统"来显示凉风设备实际使温度下降的效果。这种凉风设备，利用了雾汽化时产生的汽化热。

实际上，大和房屋将其引入工厂厂房之前，就在三重工厂中安装了该凉风设备，以监测效果（图1-27）。该公司在工厂的特定区域安装了喷雾风扇，雾气颗粒直径为 $20\mu m \sim 30\mu m$，通过比较区域内的温度和区域外的室外温度，结果显示温度平均降低了约3℃，最高降低了不到4℃。新建工厂中除了凉风设备，还采用了屋顶保温技术，所以与旧工厂相比，夏季最高可以降温7℃。旧工厂的温度最高达到过37℃~38℃，而新工厂能够降到30℃~31℃。

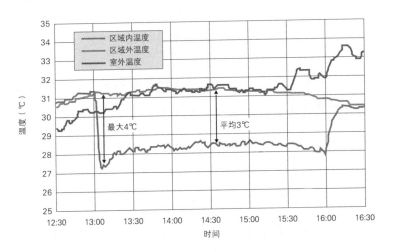

图1-27 利用气热化的凉风设备的效果

利用风扇喷雾，并用汽化热降低温度。效果上，温度平均降低了3℃，最大降低了不到4℃。

大和房屋采取类似措施的案例还有很多，如利用大型太阳能发电的冈山工厂和引进能源可视化系统的九州工厂。大和房屋计划把这些经过实践检验的设施和设备汇集在第一工厂，让客户看到50%以上的节能效果。

日本各大型综合建设公司及其首推工厂

大成建设集团
—— 为提案能力提供支持的工程功能

大成建设集团设计总部建筑设计第六部部长碇屋雅之表示，大成建设集团的优势在于日挥等工程公司本身拥有"有过之而无不及"的工程功能。即使客户需求从一味追求低成本向多样化转变，大成建设集团也能迅速反应、提出方案。

东京电子股份有限公司宫城总部工厂（位于宫城县大和町）就是发挥提案能力的案例之一（图1-28）。该工厂非常重视工作的可持续性，要求即使发生地震等灾害也要能够保证继续生产。于是，大成建设集团提议工厂整体采用抗震构造，只有组装工序所在层楼采用耐震构造。这样做既能保证重要工序的正常运转，又能节省工费。

生产西洋点心等商品的YOKUMOKU股份有限公司日光工厂（位于枥木县日光市）则看重环境性能（图1-28）。考虑到自然环境，该工厂在厂地内种植了很多树木，这在尤其不喜欢虫类的食品工厂中算是一个例外。

东京电子股份有限公司宫城总部工厂　　YOKUMOKU股份有限公司日光工厂

地板免震系统的构造

**图1-28　东京电子股份有限公司宫城总部工厂与YOKUMOKU
股份有限公司日光工厂**

清水建设股份有限公司

——以无尘室的未来模式吸引买主

2001—2011年，日本国内建设的半导体、液晶工厂中，约有一半（以地板面积为标准）出自清水建设股份有限公司之手。该公司尤其擅长打造无尘室等电子学相关工厂需要的建筑物和设施。无尘室的升级版是不使用管道就能达到JIS4-6级清洁度的工位送风系统（Task & Ambient Clean Air Conditioning System）。

该系统从房顶上方垂吊下温度调节组件和空气净化组件，只利用室内的空气循环、以生产设备等周边的重要空间为中心来净化空气，无须使用能提高净化效果的隔板、格栅地板和通着管道的天花板，能够大幅降低施工成本。当生产线需要改变布局时，"只需要移动组件的安装位置就能轻松完成"［清水建设股份有限公司设计总部负责人（第1群）兼生产、研究设施设计部部长西林和夫］。

虽然该公司没有对外公布已采用工位送风系统的工厂，但可以确定的是，从事最先进材料研究的物质、材料研究机构的NanoGREEN/WPI-MANA大楼采用了该系统（图1-29）。

图1-29　物质、材料研究机构的 NanoGREEN/WPI-MANA 大楼

竹中工务店

——采用全部最新环境技术来解决课题

竹中工务店的优势之一，在于能够利用最新技术制定对策，解决工厂面临的各种环境问题。针对客户提出的工厂节能和减少 CO_2 排放量等目标，该公司一般会配合设施来综合采取环境对策。

例如，生产健康食品的 AminoUp 化学股份有限公司（总部位于札幌市）在总部用地新建了一座名为"EcoHouse"的办公楼和名为"AHCC 楼"的生产厂房，采用了竹中工务店的所有环境技术（图 1-30）。利用地热的空调和降雪冷却系统、生产商品时产生的余热回收/再利用、太阳能发电系统等，该总部用地范围内共采用了 70 项环保技术。例如，降雪冷却系统的原理是在地下建储雪库，把经过冷却后的室外空气输送到EcoHouse 办公楼内的休息室。同时，利用雪融化成水的较冷的热能可以催动地冷的运行。结果，EcoHouse 办公楼成功减少了 50% 的 CO_2 排放量。

图1-30 AminoUp 化学股份有限公司的生产厂房、EcoHouse 办公楼

鹿岛公司
——植物工厂采用医药品工厂积累的技术技能

鹿岛公司近年来着力发展的一个领域是培养转基因（GM：Genetically Modified）作物的完全封闭型植物工厂。为了防止转换的基因扩散，从品种改良到作物的栽培、收获、提取、精炼有用物质，整个过程都在一个设施内完成。具备这种构造的植物工厂"全球范围内，这是第一家"[鹿岛公司工程总部设施计划组副组长（建筑）藤田尚也]。该植物工厂采用了与以往同样的管理，只是投入了必要的医药品工厂的技术和技能。

北海道科学技术综合振兴中心（公益财团法人）绿色化

学研究所（位于札幌市）采用了这种完全封闭型植物工厂（图1-31）。该研究所等同于建设、运营植物工厂前的模拟实验室，2013年4月，共有5家民营企业租借入驻，持续推动商用栽培研究。其特点在于借助气流控制措施，能够高精度管理栽培室的温度和湿度。

图1-31　北海道科学技术综合振兴中心（公益财团法人）绿色化学研究所

第二章

人篇：每个超强工厂背后，都有一名"钢铁"厂长

《日经制造》杂志通过各种活动，启动了一项声援日本工厂的新项目——"强大工厂系列"，第一弹就是本章内容。每个超强工厂的背后一定有一名了不起的"钢铁"厂长。那么，这些钢铁厂长是如何思考、指挥生产一线的，又是如何打造工厂的呢？笔者为此采访了12位钢铁厂长，探寻其强大的源头。

01 不畏风雨

　　在泡沫经济崩溃后的约20年里，日本的工厂历经了几多经济危机和灾害的试炼（图2-1）。例如，受日元升值、电力不足等问题影响，经营环境愈发严峻，不断有日本生产企业把生产地点向海外转移。但是，日本的工厂全都抛弃了日本这片土地吗？也不尽然。还是有一些工厂通过凝练创新创意，选择继续留在日本的土地上，朝气蓬勃地从事制造业。

　　以东芝半导体＆存储产品公司的四日市工厂为例。该工厂主要生产iPhone、iPad上使用的NAND闪存，其通过抑制投资使生产效率最大化，一直致力于打造只有在日本才能做到的生产企业。再比如，生产复合机的佳能公司的取手工厂也一直留在日本本土发展。除了生产方面，该工厂还是从事开发及试制的"复合机总寺院"。该工厂厂长奥垣弘说："强行抵抗全球化趋势没有任何意义。首先要做的，是追求只有日本才能做到的业务。"

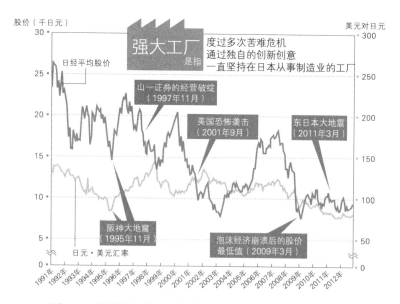

图 2-1 所谓强大工厂，是指通过自家的创新创意一直在日本 从事制造业的工厂

多年来，日本工厂经历了多次经济危机和自然灾害，度过了艰难时期。尽管如此，仍然有很多工厂通过自家的创新创意一直坚持在日本从事制造业，笔者将这些工厂定义为"强大工厂"。

和这两家工厂一样选择留在日本从事制造业的工厂还有很多，它们有两个共同点，即"善于敏锐捕捉时代的变化并能灵活应对"和"总在进行创新活动"。

本章将践行这两点的工厂定义为"强大工厂"，把聚光灯对准它们。换言之，笔者将聚焦那些"即使经历诸多困难也能灵活应对，并且善于通过独特创意留在日本继续从事制造业的工厂"。

▶工厂厂长掌握着能否成功的关键

事实上，这些强大工厂还有一个共同点，那就是本章的主题"工厂厂长"的存在。要想打造一个强大的工厂，必须有一名百折不挠的、能够描绘出蓝图并带领整个工厂达成目标的厂长。从事去除工厂浪费和无用功作业长达三十余年的指导者山田日登志曾经说过："日本既有一直从事制造业的繁荣的工厂，也有没落的工厂。这全看工厂厂长的指挥了。"

以枚冈合金工具公司（总部位于大阪市）为例。该公司主要从事冷间锻造零部件等的金属模具的制造工作，会长古芝保治认为，为了公司的发展，最重要的是贯彻"3S活动"（整理、整顿、清扫）。起初，19名员工全部持反对意见，但他每天都挂着抹布，不厌其烦地向员工进行解释说明，最终使"3S活动"在公司里落地生根。据古芝保治讲，现在该公司已经是非常有名的"3S活动公司"了，这也成了该公司赢得订单的最大卖点。

上文提到的东芝四日市工厂有一项方针是"利用有限的投资来使生产效率最大化"。厂长马场嘉朗曾经在姬路工厂时期创造出佳绩，为该方针奠定了基础。马场嘉朗说："我之所以接受四日市工厂厂长这一任命，也是期待能够将在姬路工厂时期积累的想法引入四日市工厂。"这恰好说明，东芝认为工厂厂长的指挥决定着工厂的命运。

▶不被环境左右的强大

那么，能够打造出强大工厂的厂长需要具备什么条件呢？他们的共同点，是拥有"钢铁般的信念"。

具体来讲，钢铁般的信念是指以下三点：（1）不被环境左右；（2）把恶劣的环境当成机遇来挑战；（3）拥有自己的一套做法，而不是模仿他人（图2-2）。钢通过无数次的打造锤炼

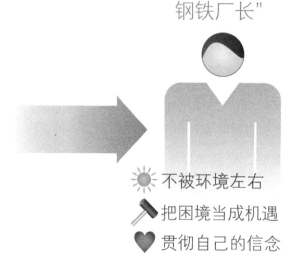

图2-2　带动强大工厂的"钢铁厂长"

厂长是工厂中"人""技术""管理"的关键。想打造强大工厂，厂长必须具备"钢铁般的信念"。

才能放出固有的光辉，而能够打造强大工厂的厂长正需要具备钢一般的强大与吸引周围人的人格魅力。

这三个条件是战胜诸多困难、成为领导所必需的思想素质，同时也是维持生产现场正常运转的条件。如果厂长总是被环境左右，方针总是朝令夕改，或者总把问题归责于环境而不采取措施，就没有人会跟随。没有自己的信念，总是看上司脸色行事的厂长也是一样。

日本 SUZETTE 公司是一家生产西洋点心（西点）的企业，总部位于日本兵库县西宫市，其生产部长富田正信手下的一名女性员工这样评价他："即使问题的原因是自然灾害或者下属的失误，富田先生也不会把责任推给环境或者下属。他会把问题当成机遇，使之转变成全体员工的能力，所以我想一直跟着他干。"

本章将介绍 12 位具有"钢铁般信念"的"钢铁工厂长"（图 2-3）。这 12 位厂长所认同的"强大工厂"和"钢铁厂长"各不相同，但各有精彩。答案并不唯一，重要的是如何顺应环境、贯彻自己的独创性。

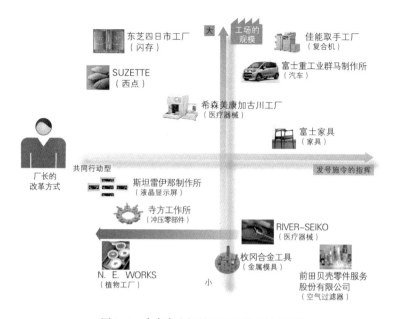

东芝四日市工厂（闪存）

工场的规模

佳能取手工厂（复合机）

SUZETTE（西点）

富士重工业群马制作所（汽车）

希森美康加古川工厂（医疗器械）

富士家具（家具）

共同行动型

厂长的改革方式

发号施令的指挥

斯坦雷伊那制作所（液晶显示屏）

寺方工作所（冲压零部件）

RIVER-SEIKO（医疗器械）

枚冈合金工具（金属模具）

N．E．WORKS（植物工厂）

小

前田贝壳零件服务股份有限公司（空气过滤器）

图 2-3　本章中出场的工厂及其厂长的特点

　　以"工厂的规模"为纵轴，以"工厂的改革方式"为横轴，笔者制作了该矩阵图。

02　佳能工厂长　奥垣弘

——尖端生产技术是原动力，用高目标引导雄心壮志

　　佳能的取手工厂不仅负责复合机的生产，还是"复合机的大本营"，具备研发、试制等功能。奥垣弘是该工厂的厂长，他认为一家强大的工厂应当具备"技术能力"和"热情"这两个条件（图 2-4，图 2-5）。

图 2-4　佳能视频办公器械业务总部、视频办公器械取手工厂厂长奥垣弘

图 2-5　取手工厂的生产线

专用于制造生产打印机等产品。

　　奥垣弘所说的技术能力，是指开发以自动化为代表的最先进的生产技术的能力。取手工厂一般只生产高性能印刷机，即打印机等的部分昂贵产品，且大多数产品在海外地点生产，如中国苏州市的工厂［佳能（苏州）公司］等。作为统领全球复合机工厂的母工厂，取手工厂把重心放在了"创造新技术与机制"（奥垣弘）上。

　　这种持续产出技术和机制的能力取决于"手有多脏"，即经历了多少次画图纸、试制、修正等过程。奥垣弘认为，工厂厂长应当起到的作用还包括能够营造这样的机会。

▶紧紧抓住20%

但即使有了机遇，也不是谁都能够创造出新技术、新机制。任何事都是有人做得到，有人做不到。奥垣弘认为这两者的差别最终取决于热情，所以为了激发下属的热情，他会设置一些无法确定是否能够完成的高目标。

以自动生产墨粉盒的技术为例。奥垣弘向下属下达指示，要求将生产成本降到去年的一半。他说："5%、10%的成本缩减谁都做得到。在日本，做与以往一样的事情没有任何意义。"

当然，热情的多少因人而异。一旦设定严格的目标，就会有20%的人避免与之沾上关系，但也会有20%的人热情高涨、紧紧盯着这一目标，剩下的60%的人则会试图跟上前者的步伐。因此，不断向走在前面的20%的人下达有魅力的业务目标，是非常重要的。

一个典型案例，是把产品组装作业做到极致的"Meister"①的存在。以往，Meister的价值在于一个人能够组装一台具有数千个、乃至数万个零部件的复合机的技能。然而，如今的取手工厂已经几乎看不到这种技能发挥作用了，但这并不意味着工

---

① Meister是德语，意思是工匠、师傅。——译者注

厂不再需要 Meister。取手工厂的 Meister 大都在复合机的开发现场从事着站在工厂的角度检验、指导组装效率的工作。奥垣弘解释说："Meister 过去是技术工人的最高峰，而现在是使知识——而不是技能——发挥作用的'知识工作者'。"

能够把一件事情做到极致，Meister 本身就是具有非凡上进心的人。在把生产从取手工厂移交到海外工厂的过程中，有 Meister 曾经问过奥垣弘："我们接下来要做什么?"奥垣弘回答道："我希望你们能将掌握的知识传授给海外工厂的作业人员，而不是为了自己不断磨炼技能。"

Meister 从技术工人向知识工作者的转变就起始于这一瞬间。Meister 开拓的崭新的职业路径不仅鼓舞了自己，更激励了后来人。

▶人才培养最少需要5年时间

奥垣弘曾经也是取手工厂的一名技术人员。1995 年，他就任总部的复合机部门事业部长。2006 年，他以厂长的身份重新回到了取手工厂。由于担任过事业部长，奥垣弘能更客观地看待厂长的作用。

奥垣弘认为，目前取手工厂保留的生产打印机业务有可能在情况发生改变时转移到海外工厂进行生产，取手工厂不应该执着于在国内生产。他说："勉强抵抗全球化是没有用的。"当然，对于取手工厂来说，随着生产向海外转移，机器人的引进、无人搬运车的开发等创造性工作将越来越多，工厂最终将逐渐走向开发高水准技术的道路。按照奥垣弘的方针，取手工厂今后仍应追求只有日本能够做到的工作，把精力倾注在培养能够创造新技术且具备热情的人才的培养上。根据"人才培养最少需要 5 年时间"的经验，该工厂营造了一种"使技术人员和操作工人可以围绕一个主题工作 5 年"的环境。当然，设定一个较高的目标来刺激下属的做法，也发挥了重要作用。

▶ **接触到一流的瞬间**

在给予刺激方面，奥垣弘有一段难忘的回忆。在九州大学上学时，奥垣弘曾经担任乐队鼓手，有机会参演当时被称为"九州第一"的热门电视剧。那段演出只有 10～20 分钟的出镜镜头，却给奥垣弘留下了非常深刻的印象："所谓一流就是这样的啊！它对我的人生产生了非常重要的影响。"

如今的自己是否能够激发下属的上进心？奥垣弘仍在不断追问自己。

03 富士重工业厂长　田村聪利
——克服生产大变更难题，工厂全员共享智慧

　　对富士重工业的总工厂来说，2012年是激荡的一年。最大的变化是2012年3月，结束了从"斯巴鲁360"以来持续了半个多世纪的轻型汽车的生产，转而开始生产与丰田汽车共同开发的FR（前引擎、后轮驱动）运动型汽车"SUBARU BRZ"和"TOYOTA 86"。富士重工业斯巴鲁生产总部群马制作所第1生产部部长田村聪利说："设备也好，工序也好，突然一下子全变了（图2-6）。"

图2-6　富士重工业斯巴鲁生产总部群马制作所第1生产部部长田村聪利

2012 年 8 月，该公司又开始生产"翼豹（IMPREZA）"和"SUBARU XV"。据田村聪利介绍，当时该工厂和生产这些车种的矢岛工厂（位于群马县太田市）完成了工厂之间首次桥接生产，并确立了这种体制。该工厂实现了包括"SUBARU BRZ"和"TOYOTA 86"在内的四种汽车的混流生产。同时，生产能力也从以往的年产 10 万辆提升到了年产 15 万辆。从 2013 年 1 月开始，该工厂生产能力进一步提高了一成，年产量高达 16.5 万辆。

▶团结一致，完成目标

管理总工厂的第 1 生产部部长田村聪利于 2012 年 4 月上任，几乎同时，富士重工业开始生产"SUBARU BRZ"和"TOYOTA 86"[①]，生产转向生产登记车（轻型汽车以外的汽车）等车体较大的不同车种。为了应对这种转变，工厂在田村聪利上任之前就已经开始做准备了。但是，田村聪利说："实际开始生产时的压力是非常非常大的。"

此外，由于数月后必须建立桥接生产和增产体制，田村聪

---

① 田村聪利出身于生产技术部门，曾在矢岛工厂工作。自 2006 年起，他在美国工厂工作了 5 年 8 个月。其中，他曾有 4 年时间和丰田汽车的 CAMRY 项目合作，负责生产技术。

利决定尽可能有效利用既有工厂的建筑物和设备，一边生产，一边进行改造。在全力进行两种体制下的生产的同时，工人们还不得不利用午休和夜间时间来完成作业。

改造推进过程中，田村聪利在掌握进展状况方面颇费了些心思。为了能在短时间内完成改造，他必须密切关注工厂内的各个部门，以便随时可以向进度缓慢的环节增派人手进行支援。最终，该工厂在夏季成功完成了"生产数量提高1.5倍"的目标。

然而，在进一步提高产量的改造中，从计划阶段开始，工厂里就出现了质疑的声音："15万辆已经是极限了，不可能再多了。"尽管如此，田村聪利还是一边鼓励工厂里各个部门的人员，一边仔细检查生产线上的所有工序，通过改进几个关键工序完成了目标。

▶共享基本思路

身为厂长，田村聪利除了要应对生产车种的变更、增产等变化，还要想办法向工厂里的每个人传达工厂在安全和质量方面的理念及自己的想法。做到这一点并不容易，因为这些信息虽然都会通过组织部门传达给大家，但总会有传达不全面的时候。

于是，田村聪利开始抽时间在工厂里走来走去，积极和工人打招呼。以用于保障安全的基本规则为例。当发生异常状况时，按照规定，工人要立刻停下手头的工作，呼叫专家并等待专家的到来。但实际上，工作现场的工人往往会立刻着手进行修理。田村聪利问到缘由时，工人们有的回答说"虽然听说过'停、叫、等'这种规定，但是……"，有的回答说"我想自己修理好"。田村聪利表示："他们似乎认为'等待'是一件失格的事情。"

田村聪利认为，接连增产会导致工人更加重视生产效率，而忽视本应更加重视的"安全"和"品质"问题。于是，他决定"以后尽量不使用'生产'这个词了"。

此外，随着生产能力的提高，作业人员的数量急剧增多，短期工的比例逐渐增加。事实上，短期工同样在进行改善活动，和其他正式工并没有什么不同。田村聪利表示："这种做法很令人迷惑，或许两者分开工作会更好。"他主张，为了让工人深入了解改善的基本思路，必须根据他们在工厂里工作的年限来采取具体措施。

▶明确现实与目标

2012 年 10 月，田村聪利召集了工厂里的所有工人，向大

086

家宣告：“这所工厂刚刚建成，让我们一起把它建成大家共有的工厂吧！”

此前，工厂前辈曾告诫他说：“不要忘了我们通过轻型汽车铸就的历史。”田村聪利却回复说：“多年培养起来的技术技能的确非常重要，但我还是觉得'变更生产车种'是一个挑战新事物的重大机遇。”

田村聪利认为，强大工厂应该是这样的：首先，在“安全”“品质”方面拥有具体且现实的、类似“世界第一”的目标；其次，能够在明确目标的基础上正确理解工厂目前的实力；最后，能够在明确现实与目标之间的差距的前提下得出促使现实更加接近目标的方案。

能够在整个工厂里全员共享以上信息并一起努力，具备这种团结力量的工厂，就是强大工厂。

04 富士家具厂长　布川知则
——兼顾匠人技术和生产效率，让大家都能理解的传授方法

富士家具（Fuji Furniture）创业于 1959 年，是一家老牌家具生产企业，位于日本德岛县板野町大自然环绕的地方。其位于总公司领地内的工厂非常有名，大型办公用具生产企业都会邀请合作公司的代表乘坐巴士前来参观，目标是考察这座工厂实施的"一个流生产"。实际上，前来参观的人还想探寻该工厂以惊人速度实现一个流生产的秘密。

多年前，由于市场萎靡等原因，富士家具的营业额曾一度缩减到峰值期的 1/3，陷入了赤字状态。然而，通过生产一线团结一致推进改革，该公司最终仅用了一年五个月就实现了单月黑字。从那以后，即便市场状况没有什么改变，该公司也一直保持着黑字。富士家具的强大之处，就在于这种"即使陷入非常事态也不认输、顽强奋起的恢复能力"。在恢复过程中，担任指挥者角色的富士家具副社长兼厂长布川知则贡献了巨大的力量（图 2-7）。

图 2-7 富士家具副社长兼厂长布川知则

　　富士家具由 3 名创始人共同出资创办，其中一位出身于布川家族，布川知则是第 2 代社长的儿子。其与初代社长的儿子，即现任社长布川徹（图 2-7 右侧）齐心协力、互相配合，共同经营着富士家具。

　　在下定决心推进改革之前，布川知则就思考过强大工厂的样子。他认为，强大工厂必须具备两个要素：一是借助长年经验的积累，通过"匠人的手工艺"实现的技术；二是通过彻底消除工厂浪费获得的高生产率（图 2-8）。布川知则认为，只有同时具备了这两点，才能够以合适的价格向客户提供高品质的产品。而在公司刚陷入赤字时，布川知则就敏锐觉察到了工厂的弊端——生产效率非常低。

 +

背后有工匠的技艺做支持的"技术"
富士家具先于其他公司引进了"模压胶合板"技术。模压胶合板是指将数枚涂有黏合剂的薄板重叠压在一起，获得通过切削无法得到的形状的成型技术。

通过"一个流生产"模式实现的高生产效率
图中显示的是组装工序的情形。工人手中只有一把处于操作状态的椅子。上一道工序，即涂装工序只传送了组装一把椅子所必需的一套零件，因此没有半成品。

高品质、价格合适的产品

图 2-8　布川知则认为的"强大工厂"

强大工厂由两个要素构成：一是借助长年经验的积累，通过"匠人的手工艺"实现的技术；二是通过彻底消除工厂浪费获得的高生产效率。布川知则选择了"一个流生产"的方式来提高生产效率。

当时参观的一家工厂让布川知则迷茫的心豁然开朗。该工厂通过后工序回收实现了"一个流生产"。于是，布川知则立刻联系了指导该工厂的两位顾问，向他们请教。这两位顾问，就是善于去除浪费的山田日登志和由他带领的 PEC 产业教育中心的加藤卓也。

由此，富士家具开始了"一个流生产"的挑战。

▶与生产一线的毅力较量

以往，家具生产线采取的是整体生产方式，产品主要按照"切断"→"研磨"→"涂装"→"组装"的顺序进行生产。例如，研磨工序会先一次性研磨多个椅子腿，再研磨椅子扶手。而在下一道涂装工序中，为了按照前面研磨工序中传送过来的顺序进行加工，还是会按照椅子腿、椅子扶手的顺序进行涂装。但是在随后的组装工序中，由于没有座椅等其他零部件，即使有很多椅子腿和椅子扶手的半成品，这道工序上的工人也无法开始组装。在批量生产中，生产线内经常堆积着大量的半成品。

而"一个流生产"的方式会同时推进四道工序，对一把椅子所必需的全部零部件（包括椅子腿、椅子扶手、座椅、靠背等）进行生产，因此能够最低限度地囤积半成品（图2-9）。但是，每月前来指导的加藤卓也回去后，不习惯"一个流生产"的工人们又会回到更容易操作的批量生产方式中。

▶认真尝试去做

布川知则说："生产一线会看我们是否认真在做。"因此，

图2-9 挑战"三人工作台"的生产线

尽管富士家具实现了"一个流生产"，但"切割""研磨""涂装""组装"四道工序仍要分别在不同的地方进行操作。图中显示的是最接近该公司目标的终极作业情形：左后方的工人正在进行研磨；右方的涂装线上有其他工人在进行涂装；右前方的工人正在进行组装。富士家具的目标，是让这些操作逐渐能够由两个人，甚至由一个人来完成。

他每天坚持守在生产一线，以让工厂贯彻执行"一个流生产"。据布川知则说，一道工序需要十天左右才能让工人习惯，达到即使他本人不在也不会恢复到以往大的批量生产方式的程度。

实际上，布川知则打造强大工厂的斗志不仅体现在生产一线中，推进改善活动，还涉及其他职能部门。

除了工厂，富士家具也有办公楼。不同于工厂，办公楼里有很多办公室和会议室，职能部门人员在里面的一张张桌子上办公。起初，约有60人在办公室里工作，直到后来公司决定将人员减半。通过改善活动，生产管理基本能够保证在生产一线完成，从而减少了职能部门的人数。

布川知则把一半的职能人员调到了生产部门，导致公司里充满了抱怨。"有一些我们当成未来干部在培养的年轻人都辞职了，这让我非常吃惊。"布川知则说。尽管如此，富士家具仍没有放慢改革的步伐。

通过不断努力，工厂里的半成品越来越少，为工厂腾出了大量空间。通过让大家实际看到改善的成果，生产一线切实改变了认识。布川知则表示，为了推动生产一线的理解，社长和三位生产部长的热心支持也起到了非常重要的作用。

从那之后，改革以惊人的速度推行了下去。最终，富士家具的工厂成功清空了约 5000 万日元的半成品，空出了 8000m² 的空间。

05 东芝厂长 马场嘉朗

——全员推进工序和业务中的"无用清零"

NAND 闪存一般用于 iPhone、iPad 等存储媒体中①，东芝的四日市工厂是生产这种闪存设备的全球最大工厂（图 2-10）。尽管多数的日本国内半导体生产企业把半导体的生产委

图 2-10 庆祝四日市工厂 20 周年的面板照片

用黄色文字拼写了"YOKKAICHI 20th（四日市 20 周年）"。

---

① 一种即使切断电源也不会抹除信息的不挥发性半导体存储器。由于内部没有机构系统，在牢固性能等方面远远超过 HDD（硬盘驱动器）。

托给了海外的硅（Si）铸造厂，但是东芝仍然坚持由自己的四日市工厂集中生产 NAND 闪存。四日市工厂，可以说是日本国内半导体产业的最后堡垒。

马场嘉朗自 2012 年 6 月起担任四日市工厂的厂长（图 2-11，图 2-12）。作为东芝核心业务——存储器生产的一把手，马场嘉朗的履历多少有些特殊，因为他并没有长期在存储器行业工作过。马场嘉朗于 2011 年 1 月到四日市上任，之后在 NAND 闪存的生产合作伙伴，即美国 SanDisk 公司的合并公司工作了约一年半，才开始担任东芝方面的负责人，然后成了厂长。

图 2-11　东芝半导体 & 存储产品公司四日市工厂厂长马场嘉朗

图2-12　马场嘉朗与四日市工厂

但是，在到四日市上任之前，马场嘉朗一直在从事非存储器半导体相关的工作，如个别半导体的离散元件、功率设备等。他曾经从事过双极电源、离散元件、功率设备等的生产技术开发和研究开发工作，之后从 2009 年 1 月起，约两年间，一直担任生产离散元件的姬路工厂的厂长。

▶控制投资，使生产效率最大化

那么，东芝为什么没有选择存储器行业的专业老手，而是任命马场嘉朗担任四日市工厂的厂长呢？这件事恰恰证明了东芝进行变革的坚定决心。一大契机是 2009 年 6 月佐佐木则夫就任东芝社长。在前任社长西田厚聪时代，每年的半导体投资多达 2000 亿~4000 亿日元，但是从佐佐木则夫就任社长的 2009 年开始，截至 2012 年，每年的半导体投资规模在 810 亿~1800 亿日元，减少到了西田社长时的 1/3~1/2。

佐佐木则夫的主要方针是"尽可能控制设备投资额，同时使工厂的生产效率最大化"①。对东芝来说这是一个全新的挑战，为实现这一方针，东芝选中了马场嘉朗。

此时，马场嘉朗担任姬路工厂厂长的经验发挥了重要作用。马场嘉朗表示："在姬路工厂工作时，我们致力于在尽可能不动用资金的前提下提高生产效率。任命我为四日市工厂厂长，应该也是希望我能将这种思维带到四日市工厂，改善工厂体制吧。"

▶消除无用工序和业务

以往，四日市工厂主要依靠高额设备投资、增加设备数量来提高生产量。也就是说，该工厂此前采取的是力技体制

---

① 在东芝不得不控制投资额、最大限度地提高工厂生产效率的背后，是 NAND 闪存市场状况不断恶化的事实。在 NAND 闪存市场，自 2012 年初以来，以 USB 存储器、存储卡为中心，由于供过于求，价格不断下跌。于是为了改善状况，东芝在 2012 年 7 月下旬宣布进行生产调整，将四日市工厂的生产量削减了三成。

（动力技术体制）。自 2009 年以后，才不得不以有限的投资额来提高生产效率。

于是，为了提高生产效率，该工厂重新设置了生产工序和生产设备。马场嘉朗介绍说："缩小（细微化）半导体技术的加工尺寸时，某些情况下可以使用已有设备，而某些情况下，随着细微化的发展，需要使用一些新设备。我们尽量使用即使细微化也可以通用的设备。"

此外，为了改善工厂体制，马场嘉朗还向消除无用工序和业务发起了挑战："四日市工厂的工序和业务中有一些是没有用的。我们需要找出并彻底清除这些浪费。"同时，他认为有必要动员全体员工参与进来、集思广益："通过参观各种各样的生产一线，我们往往能够发现一些抽象的课题。在工厂工作的每个人都能将抽象的课题落实到自己的工作中，作为具体的课题来对待。只有这样，才能让全体共同感受到危机感。"

▶ 全员参与非常重要

为了实现全员参与，自 2011 年起，由马场嘉朗等人带头，四日市工厂开始开办"补习班"。在把握工厂整体目标的基础上，四日市工厂进一步把课题落实到每一个部门，确定每个部门必须做什么。在此基础上，该工厂实施了数百项改善活动，如"成品率改善"等。

其中，获得东芝内部资格的 QE（Quality Expert：管理改革专家）员工要为各个项目的负责人出主意。据说，QE 具有能够指导部长的改革知识。此外，QE 上面还有更高一级的具备能够听取项目负责人烦恼并给出意见的 SQE（Senior Quality Expert：管理改革首席专家）资格的员工。

除了工厂里，东芝其他办公地点也配备有 QE 和 SQE 员工。四日市工厂的独特机制就在于举办"补习班"，提供环境来保证 SQE 能够定期抽时间直接指导各个项目的负责人。马场嘉朗本人也取得了 SQE 资格，担任"补习班"的讲师。

马场嘉朗认为，成为工厂厂长的条件之一是必须有与员工共渡难关的态度。他说："不断挑战课题的人即使失败了也会具备长远的眼光。为什么没有做成功？我想给这些能够切实反省的人无数次机会，帮助他们，直到他们成长起来。哪怕到最后，我也不会放弃他们。"

06 SUZETTE 厂长　富田正信

——打造能敏锐感知公司危机、采取行动的生产现场

　　总部位于日本兵库县西宫市的 SUZETTE 公司（以下简称 "SUZETTE"）是一家西点生产企业，旗下有 HENRI CHAR-PENTIER、C³等品牌，在百货店设有门店。其拥有三家工厂，分别是业务覆盖日本西部区域的西宫市的两家工厂和日本东部区域的横滨市的一家工厂，主要生产烘烤点心和新鲜蛋糕。该公司董事长、生产部部长富田正信是统筹三家工厂的生产部负责人（图 2-13）。

图 2-13　SUZETTE 董事长、生产部部长富田正信

2010 年，出于业务项目数量激增等原因，该公司自创业以来首次面临赤字状况。2011 年，尽管营业额没有发生变化，但经常性净利润率仍达到了 5.6%，实现了出色的 "V 字形复苏"。

V 字形复苏的原动力在于工厂（图 2-14）。具体来说，得益于工厂里干劲满满的员工推进的改善活动。蚁田刚毅自 2011 年 6 月起担任该公司社长（2010 年，任副社长），他也承认："改善活动的成果在每月决算中都能反映出来，生产部做

图 2-14　生产新鲜点心的 "单人摊位"

以往，这项操作具体分为 "切蛋糕坯的人""向蛋糕坯上抹奶油的人" 和 "装饰的人" 等。而现在，一个人就能完成新鲜蛋糕的制作（图片里位于中后方的人是参加改善指导会的人员）。

出了巨大贡献。"

SUZETTE 的强大之处在于拥有面对公司危机能够迅速反应的生产一线，以及不依赖营业额的利润体制。

然而，率领生产一线的富田正信却谦虚地说："这里面没我什么事，我没起到什么作用。即使我什么也不说，一线的工人们也会努力工作，所以我不认为这是我的功劳。"

▶ 打造"行动现场"的方法

毫无疑问，富田正信的指挥在打造强大工厂所必备的"行动现场"方面做出了巨大贡献。富田正信曾经的一位直属下属，目前负责宣传工作的女性职员证实道："富田先生总会非常认真地为我们的未来着想，所以我们会有'为了他好好努力''让公司更好'的想法。"富田正信与工厂生产一线之间，有一种不言自明的羁绊。

但是，仅凭与生产一线之间的强大羁绊，一线不会运转。此时，富田正信在人才培养方面的三个想法就发挥了非常重要的作用：(1) 把生产现场的判断交给生产现场；(2) 不过多干涉下属的行动，保持适当的距离感；(3) 无论是正式员工还是兼职员工，都向其传授用于培养基础能力的"改善的知识"（图2-15）。

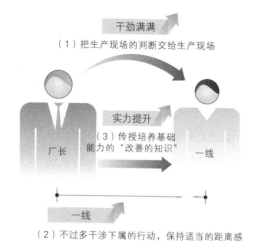

图 2-15　富田正信实践的人才培养策略

要想让生产一线自发行动，需要做到：(1) 把生产现场的判断交给生产现场；(2) 不过多干涉下属的行动，保持适当的距离感；(3) 传授培养基础能力的"改善的知识"。

在 (1)(2) 两种想法方面，富田正信在工厂员工中贯彻的方针是"只要不违法，就可以自由地做任何有利于客户的事情"。在现实中，为了防止产品线停滞、提高生产效率，曾经有员工打通了工厂之间的墙壁，更有甚者，打造出了新的房间。富田正信回忆说，这项工程花费了 50 万~60 万日元，但他并没有责怪下属，因为这种做法并没有违反上述方针。

富田正信能够如此信任生产现场，甚至将判断全权交给生产现场，原因之一是他本人是销售出身，并没有生产产品的经历。

此外，发生在圣诞节前的两件事加强了他对生产现场的信赖。

▶圣诞节"注意到的事"

第一件事发生在 1998 年 12 月 22 日，富田正信已担任生产管理课课长。当时，工厂正在为了应对圣诞节而全力生产蛋糕。实际上，大家心知肚明，无论怎样努力都完不成订单量了。尽管如此，生产一线仍然开足马力拼命工作，以期完成全部订单。12 月 23 日，尽管大家已经非常疲惫，却仍在拼命赶工。最终，由于没有按时完成部分订单，相关负责人受到了客户的责骂，但富田正信却从中发现了"生产一线为了客户不计后果拼命努力"这一事实。

第二件事发生在 2005 年 12 月 21 日晚，富田正信已担任销售部部长。那一天，日本西部地区下了一场创纪录的大雪。第二天，通往关东的所有交通工具都停了。当时还没有建造覆盖日本东部区域的横滨市的工厂，所以面向关东地区的生产订单也要由西宫市的工厂来生产。受恶劣天气影响，做好的蛋糕无法送到客户手中。此时，销售部门的员工们想出了各种应对之策，如去拜访客户、诚恳致歉，同时用其他公司生产的蛋糕来替代等。

这两件事让富田正信意识到：无论是生产部门还是销售部门，大家都有一个共识，那就是"不想给客户添麻烦"。于是他认定，只要遵守这一前提，大家可以自由做任何事。

被信赖时，生产一线会非常努力来回报这份信赖。这股力量，促使 SUZETTE 建成了强大工厂。

同时，为了培养人才，富田正信还向全员传授了改善的知识。这是因为，富田正信本人就是通过这类学习掌握了工厂管理的基础。自 2010 年 4 月起，富田正信开始接受消除浪费方面的顾问——山田日登志的指导，学会了让工厂保持黑字的方法。

富田正信一直有一个梦想，那就是全员都能具有改善的能力，并能达到顾问的水准。他说："这样一来，无论是辞职还是去海外工作，大家都能很好地生活下去。"

07 希森美康厂长 山本纯三

——将兼职员工变为熟练工，将 IT 导入开发

"你好。"在希森美康（Sysmex）公司（以下简称"希森美康"）的加古川工厂（位于兵库县加古川市），无论走到哪里都能听到打招呼的声音。声音的主人是女性兼职员工，也是一手负责生产该工厂的主力产品——血液及尿液检查设备等医疗器械的"熟练工"们。

该工厂最强大的地方，在于"通过让兼职员工完成高难度作业，确保在控制成本的基础上生产出高质量的产品"。希森美康确保了自身在全球市场中的竞争力，并向全球 170 多个国家供应医疗器械。该公司在医学样本检验领域中的市场占有率居世界第八位，但在血细胞计数测试及尿沉渣检测领域居世界首位。在打造强大工厂方面，担任工厂厂长的该公司执行董事、机器生产总部部长山本纯三做出了巨大贡献（图 2-16）。

加古川工厂是希森美康的核心工厂，主要生产数十种医疗器械，采取多品种变量生产的生产方式。在医疗器械的组装方

图 2-16　希森美康执行董事、机器生产总部部长山本纯三

面则引入了单元式生产方式，需要一个人完成多道工序，因此
要求作业人员具备较高的技能。在加古川工厂，这种高难度作
业全部由约 200 人的兼职员工来完成（图 2-17）。

▶ 用动画来展示组装顺序

　　该工厂能够这样做得益于兼职员工身旁的终端设备，其显
示器上有《3D 动态指南》，可以用动画来展示具体的组装
顺序。

图 2-17 加古川工厂强大的源泉，在于能熟练完成高难度作业的兼职员工

　　兼职员工旁边设有显示《3D 动态指南》的终端设备，以动画形式向员工说明操作的顺序。

　　加古川工厂以《3D 动态指南》为突破口进行生产改革，且一直在升级中。山本纯三就是其中的重要一员。

　　《3D 动态指南》完成前，该公司花费了巨大的时间和精力，把照片等材料粘贴在纸质图纸上，制作完成了《作业指南》。开发部门先用 2D-CAD 制作出三面图，然后再制作组装图纸和记载着"螺丝的扭矩""软管的缠绕方法"等的《生产要领》。在此基础上，生产技术部门又添加了实际的组装顺序，贴上了相关的照片，制作出了《组装要领》。即便如此，实际组装时也会有不明确的地方，因此需要最后负责组装的兼职员工进行追加修正，才能最终完成《作业指南》。

▶失调集中在开发与量产之间

随着市场对希森美康医疗器械需求的扩大，以及产品数量和生产量的同时增加，这种做法开始逐渐失调。开发部门即使完成了产品设计，在完成组装图纸和《生产要领》之前也无法着手做下一个开发案件。此外，由于《作业指南》的最后阶段不够严谨，生产一线在完成量产时，产品质量不稳定，生产走上正轨也需要一定的时间。

在这种情况下，山本纯三注意到了 3D-CAD，它一直是公司里一个悬而未决的项目。如果能够采用 3D-CAD，通过利用其中的数据，就能在制作产品设计的同时制作最终的组装顺序，用动画来进行展示。这些只有《3D 动态指南》能够做到。

《3D 动态指南》由生产技术部门领衔制作而成，这使得开发部门得以从组装图纸和《生产要领》的制作工作中脱身，大大减轻了工作负担。此外，对于工厂来说，在完成产品设计的同时还完成了《3D 动态指南》，这能让产品质量更稳定，并且更快地完成量产。尽管优点很多，但在引进 3D-CAD 时开发部门却迟迟不肯点头。

▶ 进行正面突破

开发部门的理由是"熟练操作 3D-CAD 需要时间。开发案排得满满的，在这种状况下很可能导致产品计划延迟，因此不能采用 3D-CAD"。由此，山本纯三走上了长达一年左右的游说之路。

他曾经无数次恳请产品开发负责人、开发部长、相关董事等关键人员抽出时间，听取关于 3D-CAD 的优点论述。有时，他甚至会气势汹汹地辩驳："现在越来越多的公司开始全面采用 3D-CAD，我们不能还是一直使用 2D-CAD，会被时代淘汰的！"后来，他尝试从正面突破，召集了开发部门的所有技术人员约 200 人，向他们详细讲解 3D-CAD 的优点。

3D-CAD 的引进一般由开发部门主导，而希森美康却是由工厂来主导。最终，开发部门决定采用 3D-CAD 进行设计。随后，生产技术部门也开始读取其中的数据单独制作《3D 动态指南》。由于需要开发软件来制作指南，所以工厂方面的压力非常大，而他们选择接受这一挑战。最终，在 2006 年发售的血细胞分析仪上，希森美康首次完成了《3D 动态指南》。

使用《3D 动态指南》后，工厂收获了预期成效，如不再需要开发部门的关照，能够在短时间内完成量产等。如此一来，生产技术部门从设计阶段开始就能参与进来，同时进行产品开发和《3D 动态指南》的制作，并得以将这种形式固定下来。

　　《3D 动态指南》是适合加古川工厂的机制。在该工厂，竞争力的源泉是兼职员工的高度作业能力。通过用 IT 提供支持进行研磨，进一步提高了产品的质量和成本竞争力。

08　斯坦雷伊那制作所厂长　北泽公人

——打造客户青睐的工厂，展示目标、称赞和诚意

斯坦雷（STANLEY）伊那制作所是斯坦雷电气股份有限公司的子公司，主要生产用于汽车和热水器等住宅设备专用的 TN（Twisted nematic，扭丝）型液晶显示屏（LCD）。尽管汽车和住宅设备的专用产品没有陷入与手机显示屏一样的价格竞争，但一般公司都会将生产任务委托给租金更低的海外工厂。该公司被卷入全球化竞争后，1998 年濒临倒闭，但很快就通过改善活动成功避免了危机①。

近年来，冲击斯坦雷伊那制作所的不利状况不仅没有改善，反而变本加厉了。该公司的八成产品是面向中国、韩国等市场的出口产品。近几年，日元升值轻易吞噬了其辛苦改善的

---

①　斯坦雷伊那制作所在听说 PEC 产业教育中心的山田日登志成功指导附近工厂去除无用功的事迹后，从 1998 年开始接受其指导。斯坦雷电气集团在山田日登志去除无用功的手法的基础上创造了独特的 SNAP（Stanley New Approach for Higher Productivity，斯坦雷生产革新模式）活动，且推广到了整个集团。

成果。不仅如此，新兴国家的企业技术能力也在不断提高，威胁着该公司的发展前景。尽管如此，其还是通过两大战略坚持与世界博弈：（1）瞄准附加价值较高的高级市场；（2）灵活利用海外生产的零部件，在降低采购成本的同时依旧在日本进行最终组装，以保证"日本品质"。

要想落实这些战略，拥有催生高品质的、具有较高道德观念的人才必不可少。在这一点上，2008 年就任工厂厂长的北泽公人通过独有的思维方式做出了令人瞩目的成绩（图 2-18）。他自信地说："我们最大的竞争对手是中国，而能够战胜中国的只有'人'。在这一点上，我们有绝对的自信。"

图 2-18　斯坦雷伊那制作所董事厂长北泽公人

▶ 客户也欣赏的人才

从发生的一件事中可以窥见其成果。某住宅设备器械生产企业负责人前来参观斯坦雷伊那制作所的工厂时，一进玄关就发现走廊打扫得非常干净，闪着光亮，前来迎接的员工也非常伶俐爽朗。当他走进生产一线时，又看到了同样干净整洁的生产现场和微笑着的员工。

事实上，该负责人想购买的该工厂的 LCD 的单价比中国生产的贵 30 日元，但他还是决定从斯坦雷伊那制作所采购零部件。该公司董事长兼社长关口千秋说："近年来，越来越多的订单是由于员工的道德理念得到了很高的评价才拿到的。住宅设备器械中有很多产品号称能保质 10 年，所以比起价格，客户似乎更重视承诺。"人的高素质，逐渐成了强大工厂的武器。

维持高道德理念看起来简单，实际上非常难。为了实现这一目标，北泽公人做了三件事：（1）为每个人设定明确的目标；（2）营造表扬的氛围，激发员工的干劲；（3）向员工展示诚意，做善于倾听的上司（图 2-19）。

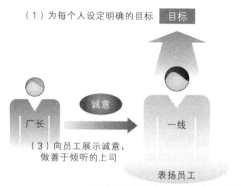

（1）为每个人设定明确的目标　目标

诚意

厂长

一线

（3）向员工展示诚意，
做善于倾听的上司

表扬员工

（2）营造表扬的氛围，激发员工的干劲

图2-19　北泽公人践行的培养"高道德观念人才"的方法

要想让下属具有较高的道德观念，厂长作为上司的影响非常重要。北泽公人做了三件事：（1）为每个人设定明确的目标；（2）营造表扬的氛围，激发员工的干劲；（3）向员工展示诚意，做善于倾听的上司。

▶让员工发挥能动性

首先来看（1）和（2）。该工厂约有120名员工。北泽公人为所有员工设定了目标，并于每周确认改善案例的进展情况。而在客户来工厂参观时，他会安排员工就改善成果进行发表，从而让他们更加自信。

实施（1）和（2）时必须让员工发挥能动性，因此即使与员工一起设定了目标，北泽公人也不会指定实现目标的方法。此外，尽管他给予了员工发表的机会，但最多只会就发表的方法给出建议。北泽公人说："被人告知（要做什么、怎么做），人会有一种被迫做事情的感觉，而只有通过自己思考，大家才能快乐地去实践。"

北泽公人有这种想法，是受一件事的启发。他制作过一种"管理板"，通过它能清晰明了地掌握当天的生产状况。这件事，就发生在北泽公人命令生产一线使用它的时候。在像往常一样检查生产现场时，他发现有人漏记了生产状况，于是问道："为什么没有做记录？"结果员工回答说："它太难用了。"于是，北泽公人决定让这名员工做一个便于自己使用的管理板。工作结束后，这名员工开始高高兴兴地创建管理板，后续使用起来也非常顺利。

▶成为受欢迎的上司

北泽公人感受到（3）的重要性，源于他注意到有些年轻人即使受到了表扬也不会提高自己的道德理念。他回想起自己年轻的时候，既遇到过被表扬能够爽快接受的上司，也遇到过被表扬后直觉认为其别有目的的上司。他们的差别在哪里？北泽公人思考后得出结论：关键在于是否喜欢对方。

为了让对方喜欢自己，北泽公人决定向对方展示自己的诚意。为此，他采取了三个行动。

一是每天早上去检查工厂的运作情况，和全体员工打招呼，问一问他们的身体情况（图2-20），从而成功营造了在休息和活动时互相交流的氛围。

图2-20　北泽公人在生产现场和全体员工打招呼、聊天

北泽公人每天早上都会到生产现场和全体员工打招呼，让彼此能够轻松交流。

二是巡视时如果发现有人在操作方面有困难，就立刻施以援手。例如，设备状态不佳时，他会立刻请来专业的技术人员进行处理。

三是设置"厂长奖"，奖金来自北泽公人自己的口袋。该公司会授予"社长奖"给做出较高改善成果的人，而厂长奖的目的不同，聚光灯对准的是那些没有做出巨大成果，但作为无名英雄做出过贡献的人①。

通过一系列的努力，斯坦雷伊那制作所赢得了客户的信赖。受客户青睐的员工，正是该公司强大的源泉。

---

① "鼓劲活动"是 PEC 教育中心推荐的一种提高道德理念的训练方法，做法是一边挥舞拳头一边喊口号"加油干、加油干、加油干!"。例如，北泽公人曾经把厂长奖授予了一位大声喊完口号的女性员工。

09 寺方工作所厂长 寺方泰夫

——板锻造达到切削精度，用最新测定装置培育新人

　　寺方工作所（总部位于鸟取县北荣町）在生产板锻造专用的顺送模具方面拥有日本国内一流技术，在世界上也位列前茅。然而，其所在地实在不是一个交通便利的地方。该公司董事长、厂长寺方泰夫说："我们公司位置不佳，通常找上门来的都是一些不知道能不能做出来的产品。"寺方工作所共有110名员工，都是当地人，没有外地人（图2-21）。

图2-21　寺方工作所董事长、厂长寺方泰夫

因此，如何培养非工科出身的当地人才，事关该公司的命运。由于附近没有同行，很难与人交流，该公司几乎所有的技术都要依靠自学，然后传授给下一代年轻人。相应地，该公司培养出来的人才也非常稳定——即使掌握了技术想要换工作，附近也没有同样可以接收他们的企业。

这逐渐成为该公司维持强大的源泉。但同时，如何培养人才也成了寺方泰夫的烦恼。他采取的措施是：配备最新的测定设施，逐步确立教育制度。

▶培养年轻人和文科出身的人才

寺方工作所号称能用锻造技术生产和切削加工同样精度的模具。为此，需要具备能够以微米（μm）为单位进行模具调整的技术和技能。达到最终目的的成型品如图 2-22 所示，非常小，对精度的要求很高。

顺送模具需要经过多道工序才能完成产品的最终形状，所以当成品与设计尺寸存在差别时，是无法简单判断出要对哪道工序进行修正的。如果不能在后工序中进行修正，就只能在前工序中进行修正。但是，在前工序中进行修正有可能使影响扩大到后工序，而这个问题只能依赖熟练工下意识做出判断并采取措施。寺方工作所需要的正是这类人才。

图 2-22　寺方工作所制作的模具成型品

在孔的内侧进行加工并控制精度，达到与切削加工相同水准的微米
（μm）级别。

为此，该公司主要在当地的工业高等专业学校招聘能够录
用的人才，但这种人才属于"留在当地的人"，人数非常有
限。也就是说，寺方工作所也需要接收没有受过工业方面专业
教育的人。

以往，新手一般跟着熟练工从最简单的地方开始学习。但
想达到该公司要求的高水准技能，这种做法太费时间。不仅如
此，寺方工作所需要的技能也比以前难得多。

此外，以往交给客户的实际产品（模具）中还有一些能够交给新人完成的工作，如处理简单产品、对高难度产品进行粗加工等，但现在不允许出现因失误而导致延期交货的情况，导致新手能做的简单业务越来越少了。

▶用电子显微镜解析生产

寺方泰夫说："一旦了解了制造业，员工就会发现它非常有趣，而且还可以进行各种研究。所以，我们只要在初始阶段降低准入门槛就可以了。"

通过使用精密测量设备，抽象的模具专业技能也可以实现"肉眼可见"。如果某处产生了 $1\mu m$ 的偏差，只要将其与测定结果和现象进行对照，就能了解发生了什么状况、如何进行修正等。

让新手用近乎真实的高精度模具工作一年左右，即可助其掌握模具设计的必要条件。由于是出于教育的目的，所以制作完成的模具无须交给客户，但精度仍然要求在 $1\mu m$ 左右，形状上的难度等也同实际业务中需要处理的一样。待新手掌握模具设计的必要条件后，下一步是将其转移到加工现场，培养出同时具备设计、测定、加工能力的人才。寺方泰夫认为："只有平衡、提高这三种能力，我们才能掌握高精尖技术，做不同于其他公司的工作。"

该公司引进了多种计测仪器，如 2 台 CNC 三维坐标测定仪、1 台 5 轴非接触轮廓形状测定仪、3 台工厂显微镜、11 台投影机、1 台新型末端形状测定仪、5 台轮廓形状测定仪和 2 台表面粗糙度测定仪等，甚至引进了扫描电镜（日本电子公司生产），意在对制造进行"分解"，使其达到易于理解的程度。

▶ 技术在过程中开发

寺方泰夫从前辈手中接过寺方工作所时，经历过外地人才辞职离开的情况，他几乎自学了冲压成型。他说："我们从来没有让外界教过什么，所有的技术都是我们公司内部开发的。"那时候，寺方泰夫几乎把《模具设计手册》（*DIE DESIGN HANDBOOK* 日文译本，美国 ASTME 编）翻烂了（图 2-23）。这本书几乎包括了所有基础性内容，所以不用请教别人也能自学。直到现在，寺方泰夫仍然贯彻着"自己开发其他人做不到的产品"的态度。

在寺方泰夫看来，适合制造业的人才是那些沉迷于目标、从不分心的人。他对那些选择留在当地、专注于制造的人说："只要一直做好本职工作，就能生活下去。那些时代一变就急着做新尝试、经常分心的厂长，是不可能培养出优秀人才的。"

图 2-23   寺方泰夫的"圣经"——《模具设计手册》

1968 年刊。寺方泰夫在技术上没有请教过其他人，一直在学习这本书。书上还留有胶带痕迹，将翻烂的地方粘了起来。

10 N. E. Works 厂长　三泽诚
——电子技术下的植物工厂，活跃的当地员工

　　从日本岛根县的出云机场乘坐一小时的出租车就能到达一家栽培食用花的植物工厂，它是从事电子零部件等业务的 N. E. Works 公司（总部位于岛根县奥出云町）开拓的新业务。该公司董事长兼厂长三泽诚非常自豪地说："栽培食用花的植物工厂只有我们公司有。"

图 2-24　N. E. Works 董事长兼厂长三泽诚

N. E. Works 公司是大型电机生产企业的二级承包商，此前主要从事手机镜头元件等的组装工作。随着拍照手机像素竞争的日趋激烈，自 2002 年创业以来，该公司用了 5 年时间使镜头元件业务的营业额提高了四倍，直到 2008 年遭受"雷曼危机"的巨大冲击。据三泽诚回忆："当时生产量锐减，一度减少了七成。"

三泽诚的人生轨迹骤变，陷入极度困境。他原以为业务会很快恢复如初，但随着大型电机生产企业把镜头元件的生产业务向海外转移，N. E. Works 公司再也没能恢复这项业务。此时，转而从事其他电子零部件业务已经来不及了，该公司不得不解雇了部分员工。

除了营业额无法恢复的电子零部件业务，如果不开拓新业务，该公司还将无法保障员工就业。三泽诚最终找到的出路就是开头提到的食品业务。2009 年 2 月，该公司开发出了一种名为"世界上唯一的花"的、以食用干花为装饰要点的点心，大受欢迎，成为三年间仅次于电子零部件的业务（图 2-25）。

▶地方是商业种子的宝库

与城市相比，乡村被认为"什么也没有"，意思是乡村缺

图 2-25　装饰有食用干花的点心

图为点心"世界上唯一的花"，一般供应给百货商店、便利店、合作社等。

乏人、物和钱。但三泽诚却断言道："发展新业务，乡下更有利。"他给出的理由是，乡下是食材的宝库。

他认为，将岛根县生产的食材与通过电子零部件业务培养起来的工学技术（技术和技能等）结合起来，能够创造出全新的产品。前面提到的点心就是一个经典案例（图 2-26），其成功将食用干花这种食材与需要使用小镊子完成的精细作业、能够保证稳定的品质且大量进行生产的生产技术结合起来。

为扩大业务，2011 年，N. E. Works 公司培育食用花的植

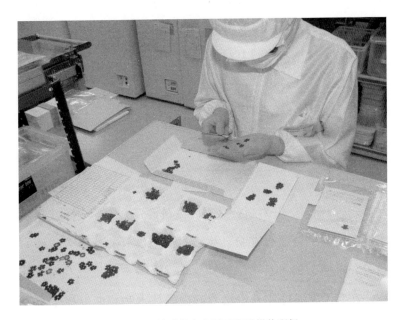

图 2-26　筛选优良食用干花的操作现场

位于植物工厂隔壁，在曾经组装手机相机元件的工厂里完成操作。由于此前从事过电子零部件工作，员工具备较高的精细作业操作能力和品质管理能力，这正是该工厂的优势所在。

物工厂开始运营。其规模很小，员工只有五十多人，三泽诚除了担任社长之外，还实际负责该植物工厂的经营管理。

　　该公司的业务主要是把栽培的食用花制作成干花，用于本公司自产的点心。除此之外，也销售干花。客户通常是一些外食产业或点心生产企业，会将食用干花用在料理或甜点上作为时尚装饰品，或者通过花语来提高产品的附加价值。不同于食用保质期较短的点心，这种食用干花能够保存一年，所以可以出口海外，运费也比点心便宜。该公司甚至收到过来自喜欢日本文化的某法国企业的 10 万枚食用干花订单。

▶ 当地的应援成为工作动力

三泽诚说："自'雷曼危机'以来，我们一直在开发新产品。"一般而言，开发新产品需要大量的资金，但三泽诚却要求员工贯彻"要尽可能自己生产世界上没有的东西、高昂的设备和机械"的方针，用以抑制每件开发案的投资费用。其中，在电子零部件业务中培养起来的技术和技能发挥了重要作用。

最终，N. E. Works 公司只花费了 500 万日元的材料费就成功建成了面积高达 $100m^2$ 的食用花植物工厂。据三泽诚介绍，该工厂如果交给专业人士建造大约需要 1500 万元。也就是说，该公司通过内部生产，将投资费用控制在了 1/3 以内。

由于食用花植物工厂仅此一家，所以有必要在参考农业合作社等给出的专业意见的同时，通过内部的反复试验来获取专业技术。例如，每株植物能够收获多少枚花朵，每株植物的寿命是几个月，要想干花的颜色和形状良好需要按照什么比例来施加什么营养成分等。据三泽诚介绍，他选择了日光灯照射，因为 LED 灯光对红色和紫色的花照射效果不佳。这种技术技能的积累使其他公司的参与壁垒越来越高。

尽管该公司的电子零部件业务的技术发挥了作用，但是突然接到从事点心和食用花的生产命令，员工是否能够应对呢？为了提高员工士气，三泽诚采取了一项措施：将本公司的业务与对当地的贡献相结合。

以食用干花为例，三泽诚将使用播种机栽培花朵和干花加工任务委托给了附近居民，以此来增加雇用人数。同时，公司还会传授他们必要的操作技术，免费借给他们所有的机械和工具。通过让当地居民参与进来，N. E. Works 公司不仅在控制投资的同时增加了食用干花的生产量，还获得了当地的应援，成为当地备受欢迎的公司。最终，公司员工的士气大涨，开始非常积极地参与新业务。

11　枚冈合金工具厂长　古芝保治
——全员推进"3S活动"，引导员工改变

　　枚冈合金工具（总部位于大阪市）主要生产冷间锻造零部件等的模具。每天早晨，以会长古芝保治为首的董事及员工都会拿起抹布做清洁，清洁时间为10分钟（图2-27）。"这是每天必做的功课，地板干净到能映出天花板上的灯，地上没有一粒灰尘，干净到能光着脚走路。"古芝保治笑着说道。

图2-27　枚冈合金工具董事长兼厂长古芝保治

▶ **生产效率是原来的3倍，未完成品数量降至原来的1/10**

"3S活动"是指彻底进行整理、整顿、清扫的活动，工厂通常将其作为改善活动的第一步。工厂和办公室通过整理、整顿、彻底清扫，视野更加开阔，更能发现浪费、停滞等问题。按照一般流程，首先要贯彻执行"3S活动"，然后再在此基础上采取真正的改善措施，如消除浪费、改善工序等。但是，枚冈合金工具的改善仅限于"3S活动"。

实际上，"3S活动"贡献了巨大的成果。该公司落实"3S活动"始于1999年，与那时候相比，该公司现在的投产准备阶段缩减到了原来的1/4，未完成品数量减少到了原来的1/10，生产效率是原来的2~3倍。同时，不良品率也得到了极大的改善，从原来的5%下降到了0.3%。

这些变化的根源是什么？在探究原因之前，我们先来了解一下古芝保治是如何让"3S活动"走上正轨的。毕竟，一开始大家都非常反对"3S活动"，古芝保治面临四面楚歌的境况。

▶ **身为上任社长的父亲也持反对意见**

引入"3S活动"的契机是古芝保治在1999年参观京都某

企业时发生的一件事。当时，枚冈合金工具的模具订单持续减少，且单价不断下降，时而处于赤字状态，时而处于黑字状态。公司留不住年轻员工，员工高龄化越来越严重，订单不断减少，完全看不到未来的希望。

古芝保治决心找到拯救业绩的突破口，于是抱着抓住救命稻草的心情参观了京都的一家工厂。那家工厂不仅打扫得非常彻底，工具也都整理得井然有序，安排得非常合理。"和我们公司完全不一样。"古芝保治感慨道（图2-28）。讲解工作内容的员工脸上充满了骄傲与自信，每个人都神采奕奕的，这让他备受冲击，确信"这才是我们应该有的样子"。

图2-28　引进"3S活动"之前的枚冈合金工具的生产现场

冷间锻造模具在生产中需要使用金刚石工具来机械加工一些超硬合金，因此会产生大量的微米（μm）级别的碳化物切削粉末。当时，工人们觉得工作环境脏一点很正常，头脑中没有整理、整顿和清扫的概念。

古芝保治是"坐而言，不如起而行"的性格，于是很快决定要引入他在京都工厂里看到的"3S活动"。然而这件事却遭到了其他董事和员工们的强烈反对，甚至包括刚刚卸任的上任社长。当然，这些反对意见也不是全无道理的。实际上，在古芝保治说要引入"3S活动"之前，该公司就曾经引入过自成体系的"5S活动"和"PPORF活动"①，最后均以失败告终。"大家的表情好像在说'反正还会失败，与其在3S活动上浪费时间，不如多造个模具'。"古芝保治说。

然而，古芝保治并没有放弃。1999年4月，他振奋精神，召开了"3S活动"内部说明会，试图说服董事和员工们。在说明会上，他围绕进行"3S活动"的原因谈了谈自己的想法："我希望我们能够生产出让客户满意的模具，我想把枚冈合金工具打造成一家大家都会庆幸自己在此工作的公司，我想让大家都能骄傲地告诉子女孙辈们'我在这里工作'。"听完这番话，大家都沉默了，没有一个人再提出反对。

1999年5月，该公司开始落实"3S活动"。当然，仅通过一次说明会不可能让大家打心底认同。事实上，没过多久就有员工公然拒绝执行"3S活动"："我可不是为了打扫卫生才

———————

① "5S活动"是在"3S活动"的基础上加上"清洁""教养"两项而构成的活动。"PPORF活动"是指围绕"小团体活动"和"迅速更换工序"等20个项目进行改善的活动。两者都比"3S活动"更高级。

在这里工作几十年的。"这件事的影响不断扩大，一度导致"3S 活动"中止。

尽管如此，古芝保治仍选择默默带着抹布，把放在非指定位置的工具放回原处。他不停地在心里默念：我必须率先垂范。

就这样，有了古芝保治的示范作用，员工们又开始执行"3S 活动"了。不久，大家对"3S 活动"的好评经由口口相传扩散开来，开始有参观者前来参观，模具订单也开始增加。据古芝保治说，"3S 活动"成了工厂最棒的营销点。此后，"3S 活动"迅速发展起来（图 2-29）。

图 2-29　通过改造架子，迅速找出所需钻头等工具

改造架子后，钻头按照尺寸大小进行保管，以确保能够迅速找出所需工具。以往，工厂也基本是按照钻头尺寸来管理的，但是没有正确分类，所以找起来很费时间。枚冈合金工具有很多改善项目都是像这样简单而实用的。不断积累小成果，正是该公司的主要特征之一。

▶ 强化羁绊与意志

古芝保治说，长年的"3S 活动"不仅把工厂、办公室彻底清理干净了，还让他明白了什么有利于生产革新。

一是强化全体人员（无论是员工还是董事）间的羁绊。整理、整顿、清扫不需要动脑，是一种需要手和身体共同作业的活动。大家齐心协力，通过一起做架子、搬动桌子加深了感情。而且，熟练工能够自然而然地教给新员工技能。

二是强化查找、解决问题的意志。原本"3S 活动"不是一种能让人开开心心去执行的任务，但是通过积极参与，能够强化"自己决定的事情就要做好"的强大意志力。

当这种意志力在生产革新活动中发挥作用时，整个工厂就能成为自主解决问题的组织。枚冈合金工具就把自己打造成了这样的组织，成了强大工厂。

12 大河精工厂长 西村幸

——手工打造微细医疗器具，培养多功能人才

    尽管经济大环境不景气，日本长野县冈谷市却有一家医疗器具企业实现了营业额的增长，它就是大河精工股份有限公司（以下简称"大河精工"），主要生产内视镜异物钳等手术处理器具（图2-30，图2-31）。与众不同的是，包含三家集团公司在内，该公司总共只有150名员工，属于中小型企业，却是大型医疗器具企业的代工厂，甚至能与大型企业和医师共同做研发。

图2-30　大河精工会长兼厂长西村幸

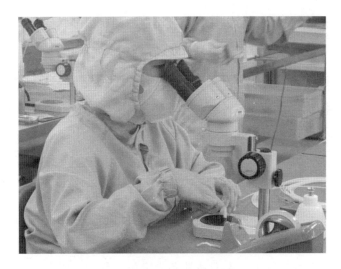

图 2-31　大河精工工厂的组装、检查工序

　　医师在手术中使用的医疗器具需要进行精细加工，所以组装和检查过程中需要使用显微镜。大河精工没有兼职员工，全部是正式员工，且其中有九成是女员工。

　　内视镜异物钳是在做胃或大肠等手术时，与内视镜一起伸入病人体内切除病变部位或摘取检查用的细胞的器具。由于它要穿过内视镜到达病灶，所以要在长长的管子前端安装小蟹钳。该公司生产的钳子非常微小，刀刃长度只有 1.8mm。

　　该公司员工具备快速生产微小器具的能力，这正是该公司工厂的强大之处。据了解，该公司能够如此快速地进行加工，得益于八成生产工序都是由人工完成的。"采用器械生产需要安装夹具，所以我们一般采取批量生产的生产方式。大量生产不是不可以，但医疗器具一般多是以数千个为生产单位的多品种少量生产模式，所以像我们公司这样拥有很多具备手工生产工艺的匠人的工厂反而更具优势。"西村幸解释道。

其实，培养能手工完成生产任务的匠人并不容易。向匠人们传授加工技术的西村幸自己也是凭借天生的意志和毅力不断修行，才终于掌握了这项技术。

▶只带一张毛毯的武者修行

西村幸原本是一名日本法务省官员，辞职后回到老家冈谷市，偶然参观了一家生产医疗器具的工厂。当时他正在考虑创办自己的事业，于是在观看工人作业时产生了做这一行的想法。由于该医疗器具的前端部分非常微小，所以必须借助显微镜才能完成加工和组装。看着透过显微镜灵活处理零部件的工人，他确信只要学会了这身本领就能好好生活下去。

西村幸是想到就坚决做到的性格，于是当场和工厂的经营者说："请您教我这种生产方法！"经营者以为他只是想看看，于是就答应了。

从那天开始，西村幸就裹着一张毛毯住进了工厂，一直目不转睛地观察工人们是如何进行加工的。两周后，有人问他要不要试一试，并开始教他如何使用这些机械。又过了六个月，他租借工厂的空间获得了这份工作。10年后，西村幸已经能

独自生产约 400 种产品了。在这种匠人技艺的基础上，他于
1988 年成立了大河精工。

▶ **执着于多技能化**

生产处理器具总共有 53 道工序，其中最难的是组装。"为
了提高剪刀的锋利程度，组装时既不能用力太猛也不能用力太
轻。要想达到仅凭用眼看、用手摸就能知道用力情况的程度，
起码需要 20 年的时间。"西村幸说道。

成立大河精工时，能够培育员工的只有西村幸一人。他每
月会招聘两名员工，一边让他们看自己是如何做的，一边慢慢
教导他们。在这个过程中，西村幸非常有耐力，除了一遍又一
遍地做给他们看、讲给他们听以外，没有其他办法。

在培育员工这个问题上，西村幸多年来一直坚持奉行
"多技能化"。在他看来，如果每名员工只能负责一道工序，
那就和机械没什么差别了。所以，他会让员工记住尽可能多的
工序。这样做是非常有效果的，如今，大河精工里的所有员工
都能负责 10 道以上工序，全部是"多技能工"。

▶不传授做法

在培养员工方面，西村幸还执着于"让员工自己思考"。

例如，该公司要求新人员工提交《基础教育报告》，主要记录自己对前辈所教内容的理解和总结（图2-32）。该公司一般要求前辈"尽可能只让新人看到结果，不告诉他们做法"。也就是说，新人如果不自己思考就无法完成报告。

图2-32　新人员工写的《基础教育报告》

新人员工需要将学习到的内容按照自己的理解进行总结。西村幸会将这些报告整理汇编，郑重地保存起来。报告的内容和总结方式都很自由，既可以是电脑输入版本，也可以是手写版本。

这种"让新人自己思考"的教育模式在该公司和大型生产企业、医师共同开发产品时也能发挥作用。实际上，该公司没有专门负责开发的员工，因为在工厂上班的员工可以兼职做开发。西村幸认为，不懂生产方法就画不出优质的图纸。

培养"多技能工"需要花费很长时间。西村幸明白这一点，但他还是有自己的执念：手术哪怕能够减轻患者一点点的负担也好。

原来，2007 年西村幸的胃、大肠等五个脏器检查出了癌症，被医生宣告最多还能活五年。他觉得自己剩下的时间不多了，所以想将宝贵的时间用于培养人才。减轻患者的负担，这一执念也是西村幸活下去的希望。

13　前田贝壳董事顾问　前田贞夫

——依靠高利润产品脱离丰田汽车，思考 5 年后的出路

"早上起来打开门，抬起头，张开嘴，从天花板上掉下来甜美的蜂蜜（工作）。如果一直这么工作，我们永远不可能摆脱丰田外包公司的身份。"一般认为，汽车生产商的外包公司很难生产并销售自己公司生产的产品。前田贝壳零件服务股份有限公司（总部位于爱知县冈崎市，以下简称"前田贝壳"）董事顾问前田贞夫道出了其中的原因。该公司经过近 5 年时间，终于摆脱了对丰田汽车的依赖。

如果公司一直甘于做外包，就不能期待获得高利润。通常，外包公司只需等待就能拿到丰田汽车或该公司集团企业给予的工作，想要打破这种现状很难。

前田贝壳创立于 1965 年，最初是一家生产铸造专用贝壳形芯子①的企业，主要做丰田集团企业的外包工作。前田贞夫

---

① 利用一种精密铸造法，即壳型铸造法（shell mold casting）进行生产的贝壳形芯子。以遇热硬化的合成树脂为黏合剂，与硅砂一起加热后制成贝壳形状并使之硬化，从而完成铸造。

是公司的二代经营者，从经营管理到开发、生产、销售，他在所有方面都很有建树，在丰田集团麾下扩大了贝壳形芯子业务。该公司没有厂长，前田贞夫同时承担工厂运营的责任（图2-33）。

图2-33　前田贝壳董事顾问前田贞夫

▶以独家产品提高利润率

如今，前田贝壳的主力业务已经不再是贝壳形芯子了。利用贝壳形芯子获得的资金，该公司成功开创了独特的压缩空气专用空气过滤器（以下简称"空气过滤器"），摆脱了对丰田汽车的外包工作的依赖（图2-34）。准确来讲，该公司同时还有模具业务，可通过直接供应给丰田汽车获得利润。而以往的主力业务——供应给丰田集团企业的贝壳形芯子由于无法获利，已于2013年停止生产。

图2-34 前田贝壳自主研发的压缩空气专用空气过滤器

这是一款用途非常广泛的昂贵产品，已经代替贝壳形芯子成为前田贝壳的主力业务。

该公司的业绩非常好。空气过滤器能够过滤、净化工厂的动力源泉——压缩机里排出来的压缩空气中含有的油分和水分①。空气过滤器里有三个过滤元件，每组元件中都有中空丝膜，这在世界上是独一无二的，能够除去 99.99% 的 10nm 以上的固体粒子，高超性能备受客户青睐。

除了用于汽车行业（如丰田汽车的高级车种雷克萨斯的涂装生产线），该产品还被用于电子零部件和精密加工行业，销售渠道更是扩大到了医疗、化妆品、食品等其他行业。价格根据大小及性能有所差别，畅销品的价格基本在 5 万~7 万日元，是传统产品的 10 倍，属于高附加值产品，与价格竞争异常激烈且成本价非常透明的贝壳形芯子完全相反。

催生出这种高附加值产品从而摆脱对丰田集团依赖的最大原因，在于前田贞夫经常预想未来 5 年工厂应该生产什么（What）。

大多数工业产品都会因为技术逐年陈旧而不再赚钱，很多外包企业会就此向汽车生产商抱怨，但真正原因是其一直生产同样的零部件，不能独立生产新产品。能意识到"无法生产出自己可以决定价格的产品，公司就不可能赢利"，是强大工厂的应有之姿。前田贞夫不仅执着于如何生产（How），还执着于生产什么（What）的原因就在这里。

前田贞夫的做法是自己站在最前线来销售员工辛苦开发生产出来的新产品。从产品目录到宣传单、促销会等，全部都是

————————————

① 油分的源头是压缩机中的润滑油。

他一人策划的。有时，他一年甚至要拜访 500 家公司的销售人员。此外，他每日必看销售人员提交的日报，一旦发现问题就立刻给销售人员打电话，经常就某个问题讨论一小时。

"新产品不是那么容易就能卖出去的。只会命令员工'给我卖出去'的老板是最差劲的。老板自己做销售很重要，无法马上看到成绩也不能放弃，起码要坚持 5 年。"前田贞夫说道。

▶打磨得闪闪发光的机械

关于工厂运营，前田贞夫还非常在意一点，那就是贯彻"5S（整理、整顿、清扫、清洁、教养）"①。前田贞夫坚信，不干净的工厂生产不出优秀的产品（图 2-35）。

在这一点上，他不允许有任何妥协和糊弄，只要发现有不干净的机器，他就会用手一摸，把污渍抹到负责员工的脸上，训斥对方："你是要靠这台机器吃饭的，这算怎么回事!"然后，他会让对方用清洗剂打扫干净。得益于此，该公司工厂里摆放 10 年的机器也干净得闪闪发光。

---

① 这 5 个词在日语中的发音都是以 S 开头，故称"5S"。——译者注

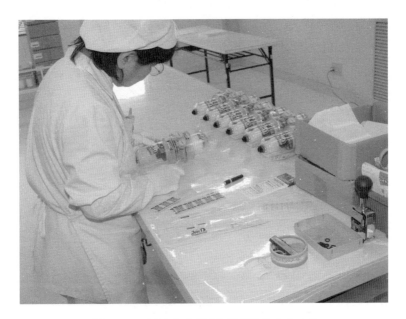

图2-35　压缩空气专用空气过滤器的生产工序

　　员工在逐一检查过滤功能后粘贴标签。该公司要求员工贯彻执行"5S"，在干净整洁的工厂中生产产品。

　　严格对待在"5S"方面有疏漏的员工非常有意义，这样的工厂会给前来参观工厂的公司负责人留下好印象，从而使其发展成为客户，员工也会因为受到客户的夸赞而士气高涨。

第三章

信息篇：制造业的下一个行动

　　聚焦制造业的生命线——生产战略。日本制造业曾一度追求"效率"，如今却遇到了只求效率、无法突破的问题。今后，要想在更加激烈的国际竞争中生存下去，制造业需要如何做，无法打破的壁垒又是什么呢？本章将为你介绍开始寻找答案的权威企业的下一步棋。（近冈裕、高田宪一）

01　只求效率已达极限，转而挑战创新力

　　"Produced by Japan 取胜于世界的制造战略"——2004 年
4 月，随着带有这一标题的特辑刊载，《日经制造》杂志创刊
了。2001 年 IT 泡沫崩溃后，日本制造业大受打击。当时，日
本刚刚完成前所未有的大规模重组，正准备实现"V 字形复
苏"。继韩国、中国台湾地区之后，被称作"世界工厂"的中
国大陆开始认真发展制造业。在这种局势下，很多日本生产企
业打出了"更快、更便宜地生产更优质的产品"的生产战略，
向日益规范化的全球化竞争发起挑战。

　　如今，回顾日本制造业，可以说 2001—2010 年是"极具
效率的十年"（图 3-1）。从质量（Q）、成本（C）到交货
期/速度（D），日本都在追求效率。日本制造业采取的具体措
施有：不断改良生产现场；在设计和生产领域引进 IT 和数字
工具；把所有的业务都制作成手册，推进零部件的共通化等。

　　就这样，通过尽可能迅速地把高质量产品以具有竞争力的

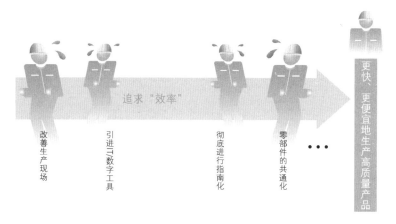

图3-1 对"效率"的追求

2001—2010年，日本制造业一直在追求效率，采取了各种各样的措施。其目的，在于更快、更便宜地生产高质量产品。

价格投入市场，日本制造业不断挑战着日益激烈的全球化竞争。

▶数字化与模块化的冲击

然而，此时制造业又迎来了一大变化——数字化和模块化。在易于复制、不会恶化且没有歧义的数字技术的基础上，诞生了一种名为"模块化制造"的新生产方式——联结零部件的接口共通化，只要完成零部件（模块）组装就能轻松生产产品。

模块化产品以电脑为开端，主要在数码家电领域流行，如数码相机、数码摄像机、液晶电视等。现在的平板终端和智能手机也属于模块化产品。

内部生产作为功能核心的零部件、选择零部件的最佳组合方式、采用最合适的零部件之间的联结方法、以熟练工的技艺为代表的模拟技术等，这种模块化生产方式与传统的日本制造业所擅长的制造手法完全相反，它的诞生极大地打击了日本制造商。在这一生产模式下，日本制造业耗费大量时间积累的技术技能和智慧几乎无法通用。

由此，进入制造业的门槛大幅降低，即使没有多少技术技能和智慧的积累也能轻松制造产品。中国、韩国的生产企业也开始生产模块化产品，并面向全球销售。这些制造商的人工费比日本的低，在成本上占据优势。

此外，由于模块化产品的性能由零部件决定，很难产生差异，导致竞争企业之间陷入"同质竞争"，模块化产品陷入低价竞争。结果，成本较高的日本制造商被置于了不利地位。

▶EMS 的破坏性成本竞争力

为进一步降低成本，许多日本制造商选择将生产地点转移到海外，接连把低利润产品制造工厂向新兴国家（尤其是中国）转移，企图降低生产成本、提高成本竞争力。

但是，将所有工厂转移到海外很有可能会失去生产方面的技术技能和智慧，面临无法生产高质量产品的危险。因此，很多日本制造商决定把核心工厂留在日本国内作为"母工厂"，生产面向发达国家（包括日本在内）的高附加值产品。此外，母工厂还肩负"母亲"的责任，负责指导"孩子"，即海外工厂获得 QCD（质量、成本、交货期/速度）方面的技术技能和智慧。

尽管日本制造业被指出存在"国内空洞化"的危险，为了生存下去，许多日本制造商还是把工厂转移到了海外，但效果并不理想。原因是以中国台湾地区、新加坡等为中心，接收来自外部生产业务的 EMS（专业电子代工服务）企业逐渐兴起。

EMS 企业的兴起与以数码技术为基础的模块化生产方式的流行不无关系。由于简单组装零件就能生产出产品，即使技术技能的积累很薄弱也能进行生产，且即使产品名不一样，多数情况下也能使用通用零部件，所以这种企业能够接收多个企业的生产订单。此外，使用相同的零部件还能达成批量生产的效果，随着产量的增加，生产成本会更低。

此后，又出现了从事设计业务外包工作的 ODM（原始设计制造商，贴牌生产）企业。这些企业作为生产企业却没有自己的工厂，仅凭产品企划设计就能生产模块化产品。由此，Fabless（无生产线设计）生产模式在全球确立，导致进入制造业的门槛进一步降低。

EMS 企业和 ODM 企业的兴起，以及由此导致的准入企业的增加使制造业间的低价竞争进一步白热化。加之中国、韩国生产企业的技术能力的不断提高，模块化产品的商品化得到了迅速发展，使其能够生产出从低价位产品到标准产品（即从底部产品到薄利广销价格段的产品）都毫不逊色于日本的产品。结果，中国、韩国的生产企业受到了全球市场的一致好评——"品质与日本生产的一样，但价格便宜"。这让身为竞争对手的、从事模块化产品生产的日本制造商叫苦不迭："成本削减的速度根本追不上产品价格下跌的速度。"

▶ 效率以外的"下一步棋"

针对这一情况，日本制造商采取了各种提高效率的措施，企图努力降低成本（如今依然在努力）。但此时，中国、韩国生产企业已然构建起了全球规模的低成本生产模式，从底部产品到薄利广销价格段的产品生产量巨大，日本制造商被迫陷入苦战。不仅模块化产品的典型代表数码家电大受打击，为其提供支持的半导体产业也备受煎熬。即便是比较新的产品（如平板终端、智能手机），在全球化所及之处，日本制造商也不得不承认"自己几乎没有什么存在感"。

当然，追求效率没有任何问题，这一点毋庸置疑。以丰田汽车为例，该公司虽然躲过了 IT 泡沫崩溃，却在 2008 年遭遇了"雷曼危机"，之后更是由于召回问题大大受挫。但是，丰田汽车从来没有放弃过改进"生产一线的 DNA"，或者说，其正是通过不断改善降低了成本，得到了好成绩。引进更先进的IT/数字工具、不断订正指南手册、实现零部件共通化、追求更高效率，这是丰田汽车一直在做的功课。

问题是，日本制造业在追求效率上已经达到了极限，仅凭追求效率无法在世界上生存下去（图 3-2）。率先注意到问题严重性的日本制造商选择了"下一步棋"，即生产技术创新，从而开发出比以往更小、更短的"紧凑型生产线"，导入了母工厂。由于降低了设备投资和运行成本，减少了人工，日本制造商在成本竞争方面实现了飞速提升。

▶通过革新进行竞争

未来十年，全球化竞争将更加激烈。为了在全球化竞争中胜出，日本制造商必须具备像"紧凑型生产线"一样追求革新的新型生产方式（图 3-3）。观察已经明确制定未来生产战

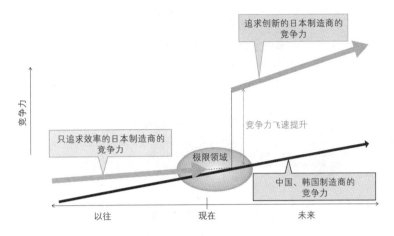

图3-2 通过创新实现竞争力的飞速提升

　　以往，日本制造商一直在追求效率，但仅凭这一点无法与中国、韩国制造商竞争。因此在追求效率的同时，日本有必要通过设计、实施充满创新的新型生产方式来迅速提升竞争力。

略的日本制造商你会发现，这种追求革新的生产方式已经日渐成熟并开始投入实践了。

　　例如，本田已经由原来的"开发部门主导企划和设计，其他部门遵从"的传统模式转变为"将营业、生产、开发、采购、品控等部门集中到一层楼上，所有部门共同参与企划"的新模式，以迅速生产能够满足全球市场需求的汽车。

　　松下则在住宅相关业务上引进了重新构建生产方式的"制造业文艺复兴"，而放弃了原本"先完成图纸，再配合生产"的生产方式。具体来说，就是先根据世界各工厂的实力掌握各工厂实际的生产技术水准，然后再配合进行设计。

图3-3　日本制造商采取的创新型生产方式

　　各公司都在利用核心技术研究着眼于潜力市场的创新型生产方式，旨在提升竞争力，在未来的全球化竞争中生存下去。

　　日本制造商要想在全球化竞争中胜出，在研究生产方式的同时必须彻底打磨核心技术，研究出创新产品。其中的关键在于聚焦包括新兴市场在内的"潜力市场"。领先企业已经开始按照这一方向采取行动了。

　　例如，在纤维领域相继创造出碳素纤维、衣料专用发热纤维等划时代材料的东丽（TORAY）公司不仅将激发物质终极机能、性能的精密化学技术（纳米技术等）应用到了环境领域，还应用到了医疗和生物技术等潜力领域的产品开发。同时，其还研发出了"能够监测心跳的衣料"等新产品。

　　安川电机则跳出了工业机器人的框架，不断推动核心技术，即机器人技术的研发，旨在创造与人共生的机器人。该公司首先研发了适用于生物、医疗行业的"生物机器人"。它能代替生物、医疗行业的检查人员完成相关操作，有利于开拓新市场。

富士重工业把目标定为"通过把可实现终极安全驾驶的汽车投入市场领先世界"，努力把其独有的规避冲突的辅助驾驶系统"EyeSight"的完成度提高到其他公司难以企及的水平。

以上企业的生产战略旨在实现创新型生产方式和创新型产品的技术研发，对于备受产品商品化问题困扰的多数日本企业而言是一种参考。当然，随之产生的阵痛无法规避，不惧挫折、不断挑战至关重要。在挑战日本喷气式客机事业的三菱飞机身上能够看到这种态度。

在追求创新的过程中，企业对于模块化设计、指南手册化、质量常常偏重效率，导致了诸多问题。

企业需要意识到，只有技术人员才能将用于打造创新型生产方式和创新型产品的技术开发投入到实践中去。要想在今后激烈的全球化竞争中胜出，必须鼓励技术人员最大限度地发挥实力。

02 本田常务执行董事 山根庸史：

通过组织部门一体化，即时应对市场需求

图 3-4 山根庸史

本田常务执行董事、日本四轮生产统筹责任人、日本总部四轮生产统
筹部长兼四轮生产统筹部生产企划统筹部部长（图片来源：栗原克己）

"于有需求之处生产"是本田的基本方针。未来，我们

（本田）将进一步加快在全球市场生产汽车的动作。

本田在日本国内的生产部门负责向世界传输生产技术和制造技术①，这一功能今后会进一步强化。同时，本田将缩小生产部门在海外建造基地的职责权限。

以往，日本承担了面向全球的生产缓冲功能。虽然本田在北美的工厂早就实现了自立（能够以当地生产来应对），但在其他国家和地区还没有实现。在这种情形下，我们采取了在日本生产后再出口的措施。因此，日本生产线生产的汽车中，有一半以上是出口车。

从业务持续性计划（BCP）的角度来看，这种做法存在很大的风险。实际上，2011 年受东日本大地震影响，由于无法采购零部件，本田工厂曾一度停产。不仅是日本的工厂，从日本进口零部件的中国、北美的工厂也一度被迫停产。那一年，泰国又发生了特大洪水，本田在泰国的工厂也不得不暂时停产。本田在全球生产汽车并采购零部件，在这种情况下把生产集中在某一处生产地点存在很高的风险。经历这些自然灾害后，我们深切明白了这一点。

但是，降低此类自然灾害的风险并不是减少日本出口汽车产量和加速海外本地化生产的主要目的。我们的目标是建立一

---

① 制造技术：在工厂既有生产线和生产设备的基础上加以改进而诞生的制造方面的技术。

套生产系统，以快速提供"地区最佳汽车"，满足全球市场的客户需求。

十几年前几乎没有"地区最佳汽车"的概念。尤其是亚洲市场的汽车，都是在日本设计的出口汽车或者出口规格的汽车。这样一来，不仅投入市场需要时间，价格也无法降低。为了缩短客户提车的等待时间，提高成本竞争力，本田必须实现本地化生产。

当然，并不是说只要实现了本地化生产就能生产出畅销的汽车，这在新兴国家尤其困难。例如，印度尼西亚人喜欢的汽车、印度人喜欢的汽车，以及中国人喜欢的汽车是完全不一样的。以往，这些汽车都是在日本设计开发的，设计大多放眼全球，意在满足世界平均需求的汽车。也就是说，这些汽车没有精准满足全球市场的不同需求。

▶ "1 Pack Operation"

因此，在加强海外生产本地化的同时，本田还在推进新的汽车生产方式，即"1 Pack Operation"（图 3-5）。

一直以来，本田都是先由开发部门制作出汽车的图纸，然后再交给生产技术部门和采购部门。前者思考合适的生产技术和制造技术，后者寻找零部件。三个部门之间不断沟通，使设

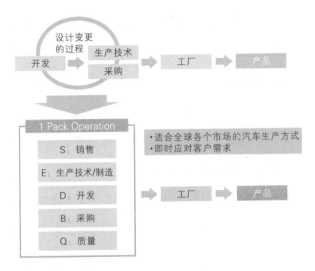

图 3-5　新的汽车生产方式 "1 Pack Operation"

　　销售、生产技术、开发、采购、质量等部门一体化，共同策划和开发汽车，将"地区最佳汽车"尽快投入全球各个市场。此外，这种生产方式还能及时应对客户需求的变化。

计更容易投入实际生产，能够采用更便宜的零部件。但是，全球各个市场的客户需求不同，且需求是在不断变化的。我们的竞争对手会推出具有特色的汽车，而为了不输给对方，我们不得不对汽车进行细微改良，打造"卖点"。

　　当然，赋予汽车能够应对客户需求变化的卖点并不容易。如上所述，以开发部门、生产技术部门和采购部门为中心，汽车设计多少可以进行一些改良，但是设计开发的基本骨架是固定的，不可能改变到能够完全满足客户需求变化的程度。

　　要想生产出在全球各个市场都畅销的"地区最佳汽车"，

必须提高策划的精度。而能实现这一目标的生产方式，就是"1 Pack Operation"。按照这种生产方式，从销售部门（S）、生产技术/制造部门（E）、开发部门（D）、采购部门（B）到质量部门（Q），有关汽车开发的所有部门都要集中在一层楼里，作为一个整体来进行策划，并且根据策划结果开发汽车。我们把这种方法叫作"SEDBQ"。

其中，销售部门参与进来非常重要，可以使策划内容涵盖世界各个市场中最旺盛的需求，从而大幅提高策划的精度。

"1 Pack Operation"中，集结在同一楼层的成员组成一个团队。这个团队将一直负责同一款汽车①。在策划、开发的新车发售后，每过一段时间就会进行部分改良，这一任务也由同一团队负责完成。也就是说，团队要不断对汽车进行维护，通过不断赋予其畅销特征来保持竞争力。

▶在"最好的"，而非最适合的时代

"1 Pack Operation"首先在铃鹿工厂生产的新型轻型汽车"N 系列"上进行了实践。我们取"铃鹿（Suzuka）、轻（Kei）、革新（Innovation）"的日文或英文首字母，将其命名

———————

① "1 Pack Operation"的团队有时也负责多款车型。

为"SKI"。

在 SKI，开发部门和采购部门从栃木县搬到了位于三重县
铃鹿市的铃鹿工厂，从而使"N 系列"能够在同一楼层进行
策划和开发。由于是同一团队负责操控，"N 系列"的派生模
型也得以全部顺利策划和开发。

之所以在轻型汽车上实践"1 Pack Operation"，是为了进
行彻底的挑战。轻型汽车是面向日本市场的汽车，因此只需要
掌握日本市场的客户需求。如果一开始就尝试做能够满足全球
客户需求的汽车，就会和以前一样，无法在操作上进行大的
改变。

在 SKI 成功的基础上，"1 Pack Operation"开始同步向全
球各个市场推广，如在泰国生产的面向亚洲市场的小型轿车
"BRIOAMAZE"、在中国生产的中国市场专用的中型轿车
"CRIDER"都收获了好评（图 3-6）。尽管还需要来自日本方
面的支援，但"1 Pack Operation"已然在全球各个市场中发挥
作用，开始策划、开发"地区最佳汽车"。

只要能生产出性能优良的汽车，客户自然会购买。但是竞
争企业也会生产性能优良的汽车，且全球各个市场的客户需求
都在不断变化。那种"只要我能够生产出'最好的产品就
行'"的时代已经过去了。

要想即时应对全球各个市场的客户需求，就必须打破

图 3-6 畅销的"地区最佳汽车"

在接受日本方面支持的同时，采用"1 Pack Operation"的生产方式在当地策划、开发汽车。左上图为适合泰国市场的小型轿车"BRIO AMAZE"，右上图为适合中国市场的中型轿车"CRIDER"，下图为适合印度市场的小型汽车"BRIO"。

部门之间的"组织壁垒"。以往，各个部门一直追求效率，但通过重新审视我们发现，这种做法达不到整体最佳，总有耗费时间的地方。为了消除组织壁垒，提高生产"地区最佳汽车"的速度，我们需要类似"1 Pack Operation"的生产机制。

▶ "心脏部分"在日本开发

同时，本田也策划、开发了在全球销售的全球化汽车（全球战略汽车）。尽管与此前所讲的"地区最佳汽车"略有不同，但基本上也是按照"1 Pack Operation"思维来推进汽车生产的。

以新型"飞度"的策划、开发为例。以往，我们一般根据发达国家的客户需求选择在日本进行策划并制作图纸，然后再针对全球各个市场的需求适当进行规格调整。为了让新型"飞度"引爆全球，本田一开始专门调查了全球六极（北美、南美、欧洲、亚洲/大洋洲、中国、日本）的客户需求，并将其体现在规格样式上。也就是说，新型"飞度"采用了"世界六极同时开发"的做法。

除了这种全球化汽车及其生产技术，引擎、变速器等动力传动系统、悬架等行走系统零部件、平台等需要具备核心技术的汽车"心脏"今后仍将继续在日本进行开发（由于这些部分的开发需要时间且海外不具备相应的开发能力，无法培养相关技术人员，所以从开发环境来看，还是在日本集中开发更稳妥）。

▶将三家独特工厂添加到菜单里

十几年来，本田工厂的思维方式也发生了很大的变化。以往，我们并没有生产"地区最佳汽车"的想法。我们打造了一家家工厂以支持灵活生产，应对全球各地可能出现的需求变动。重点在于确保任何一家工厂都能生产同一种车。

如今，尤其是日本国内工厂，越来越有自己的鲜明特色了（图3-7）。在此，我想介绍三家特色工厂。首先，是能够应对11款车，实现了超混流生产的埼玉制作所狭山工厂（以下简称"狭山工厂"）。其次，是专攻轻型汽车并提高了竞争力的

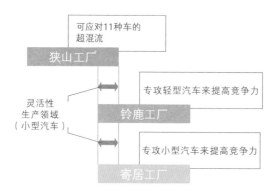

图3-7 三家各具特色的本田日本工厂

本田打造了能够超混流生产的狭山工厂、具有专攻轻型汽车优势的铃鹿工厂和具备专攻小型汽车的优势的寄居工厂。本田根据需要，将以上三家工厂的生产技术和制造技术导入了海外工厂。此外，三家工厂均具备灵活性，能生产"飞度"类的小型汽车。

铃鹿工厂；最后，是专攻小型汽车并提高了竞争力的埼玉制作所寄居工厂（以下简称"寄居工厂"）。这三家工厂各有专攻，而且都保留了灵活性，随便哪家工厂都可以生产"飞度"。

其中，铃鹿工厂正在努力发展针对轻型汽车的生产技术和制造技术，以期进一步提升竞争力（其也可以应用在全球小型汽车的生产上）。寄居工厂则开发并引进了当前最新生产技术和制造技术，将生产效率提高了30%。也就是说，该工厂具备了本田在全球的最高竞争力，且将持续升级。

我们将把这三家工厂的生产技术和制造技术推广到全球的工厂以提高竞争力。同时，我们还把它们作为三个独特的菜单

图3-8 墨西哥的新工厂

该工厂于2014年2月开始投入使用，引进了寄居工厂的最新生产技术，如省去中涂工序的紧凑型涂装线等。从包括墨西哥在内的北美规格的小型汽车"飞度"开始生产。

选项提供给海外工厂选择。新兴国家的新工厂基本会采用寄居工厂的生产技术和制造技术（图3-8），已有的海外工厂则会根据自己生产的汽车类型从三家工厂中选择适合引进的生产技术和制造技术。当然，也可能出现三家工厂的融合型。以上措施都是为了构建最适合生产"地区最佳汽车"的工厂。

03　松下代表董事兼高级总经理　吉冈民夫：

设计前，要考虑制造的新手法

这是我们（松下）第三次将目标设定为"挑战综合营业额 10 兆日元"时发生的事情。

松下的 DNA 是 BtoC（面向普通客户）的家电产品业务，但很难期待家电产品的营业额实现爆发式增长。因此，基于在家电产品业务中的发展，我们计划未来把精力投入到 BtoB（面向企业）业务中去，如车载（汽车零部件）业务和松下环保解决方案（Eco Solutions）公司从事的住宅相关业务①。松下环保解决方案公司主要负责整体厨房、浴室、内装材料等住宅建筑材料业务和住宅设备、照明器具、空气净化设备等电气设备业务。

松下之所以把住宅相关业务设定为潜力业务，首先是因为我们拥有优势的环保技术，并且在某种程度上是现有业务的延

———————

①　除了住宅相关业务，松下环保解决方案公司还负责大厦和公共领域等非住宅、非建筑业务。

伸。其次是因为它是全球性的正在发展的领域。例如，（除了日本以外）亚洲人口不断增加，随着经济的发展，我们预计将有非常大的住宅需求，而日本由于人口的减少，对于新建建筑的需求将越来越少，但改建需求预计会增加。日本国内与海外的状况虽然不同，但与住宅相关的市场都是潜力市场。我们2012年度的住宅相关业务的营业额是1.2兆日元，2018年度增长到了2兆日元（图3-9）。

图3-9　松下住宅相关业务的营业额（图片来源：栗原克己）

▶产生高附加价值的"CV 创新"

为此，我们一直在积极推进"通过开发融合产品提高附加价值"的业务。一直以来，包括松下环保解决方案公司在内的松下整体生产范围非常广，从住宅业务、住宅建筑材料到照明器具、配线器具、家电产品，大家都在各自的领域进行着设计开发。但是，在日本等发达国家市场还是需要生产附加价值更高的产品。为了实现这一目标，我们想出了"跨价值创新"（Cross-Value Innovation，以下简称"CV 创新"）的办法。

所谓"CV 创新"，是指不同业务部门利用各自的智慧和技能合作生产产品，即通过"相乘效应"创造出高附加值产品。例如，我们开发了一款新型"功能屋顶系统"，通过把建筑材料技术与太阳能发电技术相结合，可以实现不在屋顶上打孔就能安装太阳能板、通过保障风道并借助通气使房屋具有排热功能的效果（图 3-10）。

我们从 2013 年开始发起"CV 创新"活动，大多数管理者不仅会主动学习成功案例，还会从失败案例中汲取教训，举办各种各样的研修会和研究会，以各种形式助力该活动的发展。把以往在一个点上穷思苦想的地方与不同性质的事物、不同次元的事物相结合，可以引发化学反应。对于未来的制造业，想要得出巨大成果，这种做法值得尝试。

功能屋顶系统

【特点】
① 不用在屋顶上打孔就能安装太阳能板
② 可以加装太阳能板
③ 利用自然的力量来排热
④ 高隔热性的屋顶材料
⑤ 与街道建筑和谐的设计

采用固定模具，不用打孔就能施工
屋顶上设计了风道，利用通风来排热

图3-10　用于开发高附加价值产品的新手法"CV创新"案例

不同部门之间互相合作、发挥各自智慧和技能诞生的"功能屋顶系统"。

▶当地生产、当地消化与整体最佳

为了提高全球竞争力，今后我们将推进重新构建生产的"生产文艺复兴活动"。

以往，日本制造商会选择在日本生产产品然后出口海外。后来，日本的人工费越来越高，变成了"在中国等人工费较低的国家完成低成本生产后再逆向进口到日本"，采用的是将在日本创造的制造业模式向多国推广的方法。如今，这种做法在逐渐向全球"当地生产、当地消化、整体最佳"的方向转变。

目前，松下环保解决方案公司在全球 19 个国家拥有近百家工厂。其中，"在国外生产后进口到日本"的产品生产模式转变成了"全部在生产国当地生产、当地消化"的模式。也就是说，中国的工厂面向中国市场，印度的工厂面向印度市场，日本的工厂面向日本市场。

以配线器具为例。不仅不同市场的规格不同，如插座有各种各样的形状，客户在材质、颜色等方面也有不同的喜好。在其他市场生产这种产品后再出口是行不通的，所以我们基本都改成了在当地设计并在当地生产。此外，基础零部件，如端子、开关等全球通用产品，我们选择在日本开发再向全球推广，以达到整体效果最佳。当然，生产地点不仅限于日本。在设定目标市场时，我们会选在全球最合适的地方进行生产。

▶根据当地可用的生产方法进行设计

为贯彻"当地生产、当地消化、整体最佳"的生产方式，松下的产品开发也发生了很大的变化。以往，我们一般会在策划、设计产品后再思考如何生产，即设计在先，生产在后。但是，这种方式在推进"当地生产，当地消化"上存在限制。

例如，如果面向新兴国家市场进行策划、开发的产品需要非常高的生产技术，我们就要从日本带去最新的生产设备，导致生产成本变得非常高，价格无法降低到新兴国家市场能够接受的水平。最终，产品根本无法投入市场。

为了解决这一问题，我们从零开始重新研究了产品开发，颠倒了设计和生产的顺序，让生产在先，设计在后。也就是说，我们不会开发用于生产已经设计好的产品的生产设备，而会首先预估目标市场可用的生产方法，再根据这些生产方法来思考可能的设计方案。

例如，在潜力市场印度，价格为 30 日元的开关月产量为 330 万个，价格为 50 日元的插座月产量为 240 万个，属于廉价大量生产的薄利广销产品。这些产品以往一直由操作人员手工生产，但随着需求的增加，人手短缺问题越来越突出。

于是，我们引进了印度已经能够熟练使用的简单的自动化设备，让零部件配合自动化设备按照从上到下的顺序进行组装（图 3-11）。同时，切削加工的金属零部件也改成了钣金加工品。按照这一新的生产方式，产品实现了 0.5 秒/个的高速生产，生产效率也提高到了原来的 10 倍，而且材料费用也减少了一半。

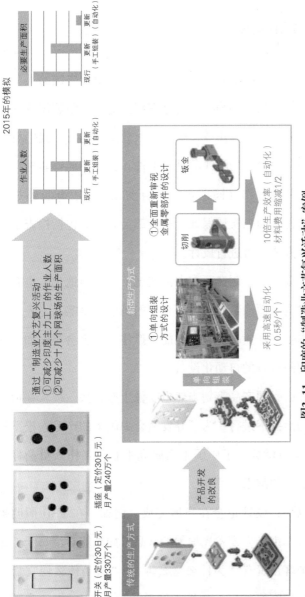

图3-11 印度的"制造业文艺复兴活动"案例

在产品开发上，颠倒原有的从设计到生产的流程，首先思考当地可以实现的生产方法，再根据这些生产方法来设计产品。在印度的开关和插座生产上，该工厂引进了印度能够熟练使用的简单的自动化设备，并且配合该设备设计了单向组装的方法。

▶适合当地的自动化

中国则需要比印度高级一些的自动化。由于中国的人工费也在不断增长，我们必须尝试通过零部件供应、组装作业等方面的自动化来快速完成作业，减少工人数量。为此，我们更新了可以采用自动组装的配线器具零部件，开发了能够实现高速控制和应对并列动作（同期化）的自动化设备，并且通过检查工序自动化来加强质量保证。这些都会先确定包括检查工序在内的生产方法，再进行设计。

以往，很多日本制造商在中国实现了生产当地化，也有很多由于价格竞争而输给当地生产企业的例子。事实上，人工费越高对日本生产企业越有利，但能否抓住这一机会要看如何开发出适应中国市场的自动化设备。

生产什么，即产品策划当然也要像生产方法一样，在摸清当地情况的前提下进行。为了开发适合中国人的产品，松下早在 2005 年 4 月就成立了中国生活研究中心，工作人员会仔细探寻中国市场的需求。

除此以外，设计也会在当地完成。例如，在 LED 照明器具方面，日本市场喜爱发光均匀的产品，如果能看清每个 LED 光源就会被客户责骂"为什么这么难看""这是什么便宜货"。但是中国市场刚好相反，如果不能看清每个 LED 光源会被责骂"这和传统的荧光灯没有任何区别，每粒光源都能看清才能让人知道我使用的是 LED，钱才花得值"。

所以，我们必须在当地进行策划和设计才能诞生满足当地取向和喜好的产品。

▶应对每位客户的接单生产系统

新兴国家市场要求低价快速生产产品，日本市场的业务调整则需要具备能够应对每位客户的订单的生产方法。但调整上存在很多限制条件，如可替换部分有限或有隔断等，所以不乏很多准备了标准品却很难用上的情况。

于是，我们构建了一种能够根据每个现场情况，以毫米为单位改变建材大小的柔性生产线（图 3-12）。例如，当设计宽度为 900mm 的门实际上需要调整为 895mm 才能顺利安装时，我们会配合现场进行加工，生产宽度为 895mm 的门。也就是说，我们可以根据现场需要更新生产方式。

要想实现这种柔性生产，必须在现场与客户沟通，准确把握建材的尺寸，尽快向工厂下订单。因此，我们的销售和服务人员都配备有平板终端，能在现场让客户看到电子产品目录和提案，进而确认库存、估价，然后下订单。

同时，业务调整也要做到尽快完工。我们不可能跟客户说

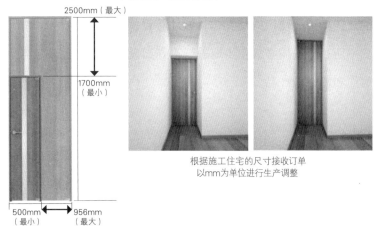

木材质感的建筑材料 "VERITIS"

根据施工住宅的尺寸接收订单
以mm为单位进行生产调整

图 3-12 业务调整中的 "制造业文艺复兴活动" 案例

松下创造了能应对每位客户需求的新型接单生产系统。其建立的柔性生产线可以根据客户的住宅情况，以 mm 为单位确定建筑材料的大小并接收订单。

换浴室要花两个月。速度和应对每位客户需求的接单生产，创造新型生产需要满足这两个条件。

04　东丽代表董事、技术中心主任　阿部晃一：

借助化学力量进行创新，研发尖端材料开创新时代

图 3-13　东丽代表董事、技术中心主任阿部晃一（图片来源：栗原克己）

2014 年 2 月 17 日，东丽公布经营计划，将环境领域、医疗领域和生物领域放到了事业核心的重要位置。我们的基本思维是利用"四个核心技术"牵引"发展显著领域"的业务扩大。这是东丽发展战略的支柱。

我们具有较高发展潜力的业务有两个：一个是绿色创新业务；另一个是生活创新业务。绿色创新业务指碳纤维、电池零部件、植物原材料、水处理膜等，也就是环境领域的相关业务。随着全球经济发展和人口的不断增长，资源和能源的消耗量急剧增加，高效利用的需求也在不断扩大。如果不能敏锐察觉到石化资源的枯竭危机，就会弄错长期的研究主题。

东丽开始把绿色创新业务列为事业核心是在 2011 年。2014 年开始的中期经营计划中，除了该业务，又增加了生活创新业务，共同作为东丽事业的核心支柱。生活创新业务以生产医药品、医疗器械材料等为目标，如人工肾脏、DNA 芯片、导管等。

2014 年 2 月，我们和日本电信电话（NTT）公司共同研发了一种只要穿上就能监测心跳数和心电波的衣料（图 3-14）。

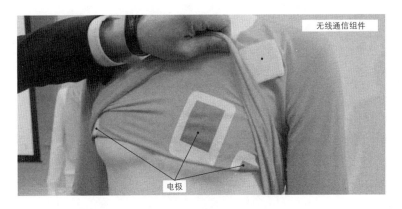

图 3-14 可以监测心跳数和心电波的衣料

  T 恤里面可以看到灰色长方形新材料"hitoe"。由厚度为 700 nm 的聚对苯二甲酸乙二醇酯（PET）制成的纤维中浸有导电聚合物。以开发的材料为电极，通过心脏跳动的体表电位变化来监测心跳数，然后用无线通信组件把这一数据发送到智能手机等终端设备，显示出心跳数和心电波。

▶用核心技术锁定业务

  经常有人问我："东丽说要着力发展两项业务，不过范围也太广了吧。"环境领域、医疗领域和生物领域的确非常广，但也不是两个领域里的所有业务都会做，我们会用核心技术来锁定业务。

  东丽的核心技术有四个，分别是有机合成化学、高分子化学、生物技术和纳米技术。从这一角度来看，零零散散的业务就显得很清晰了（图 3-15）。东丽的核心技术具有非常强的约束力——不做用不上核心技术的业务，不离开主要领地。

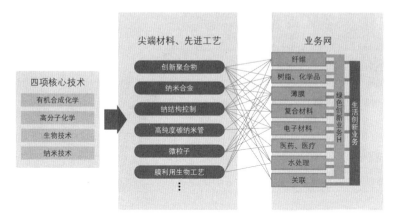

图3-15 东丽的核心技术与材料、工艺、业务的关系

东丽拥有多种业务，但这些业务都源于四项核心技术。例如，关于水处理的产品使用了膜利用生物工艺，这一工艺通过利用四项核心技术研究开发而成。(图片来源：《日经制造》杂志根据东丽提供的资料制作而成)

▶开拓内部边界

东丽一直在深入研究四项核心技术，具体都做了什么呢？我称之为"开拓现有产业的内部边界"。四项核心技术都属于化学领域，它的内涵很深，所以追求极限能发现意外的机能和性能。只要能精准设计并制作出机械，就能按照设计意图来行动。这是一个逻辑性非常强的世界。此外，材料也尚有一些非常模糊的部分。

东丽的祖业是纤维。纤维是一种成熟产业，也是公认的构造不景气的业种。于是，我们创造了碳纤维，这种情况并不稀奇。我一直在研究薄膜，开始研究 PET（聚对苯二甲酸乙二醇酯）多层积层膜时，根本不知道它能用在什么地方。但是当这种非常薄的材料重叠 1000 层左右时，我发现即使不镀金属它也能发出金属般的光泽。该材料现在被广泛用于手机、笔记本电脑的框体上。通上毫米波雷达，还能轻松应用于汽车的自动刹车系统，预计在汽车的前格栅方面同样会有很大需求。

内部边界的"内部"指的是研究对象，绝对没有"自己单干"的意思。相反，我们会积极与外界合作。例如：对于碳纤维，我们和美国波音（Boeing）公司建立了密切的合作关系；对于热技术中的发热纤维，我们与持有优衣库品牌的迅销公司（FAST RETAILING）达成了战略合作伙伴关系。这两家公司的业务领域完全不一样，作为材料生产企业，我们可以在多个领域建立各种各样的合作关系。

▶下定决心，挑战长期开发

开拓内部边界需要有很高的觉悟，面对的是创新挑战。很多情况下，在做出成果之前需要耗费很长一段时间。

最典型的就是碳纤维（图 3-16）。我们从 1961 年开始研究，十年后才造出了生产设备，却没怎么卖出去。开始能够少量卖给高尔夫球俱乐部、钓鱼竿等相关企业时已经到了 20 世纪 80 年代中期，其间的先行投资额非常巨大。后来终于开花结果，开始应用于航天器材的主要构造材料中。例如，波音公司的喷气式客机"波音 787"上 50% 左右的构造材料采用了碳纤维强化树脂（CFRP），起到了很好的减重效果，耗油量也比传统飞机少了两成（图 3-17）。

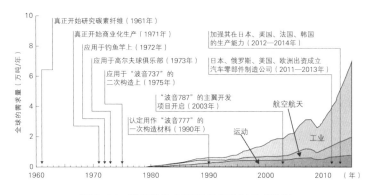

图 3-16　碳纤维的全球需求变化与未来发展

　　碳纤维的需求在"雷曼危机"时一度下跌，之后迅速回升。工业用途有风力发电的叶片、压力容器等。需求量来自东丽的调查。东丽的碳纤维占全球市场份额的 50% 左右。箭头表示东丽的动向。2013 年以后为未来预计的情况。

　　碳纤维在生产时会消耗大量的电力，产生很多二氧化碳气体。但由于其可以使机体更轻，所以飞机飞行时的耗油量会减少，综合来看可以大大减轻环境负荷，是典型的绿色创新领域的产品。目前，碳纤维性能还在不断优化中。2014 年 3 月公开的新产品，其强度和弹性都比以往的产品要好。

图 3-17　使用东丽碳纤维的"波音 787"的主翼和机身

该图片显示的是全日空引进的首架"波音 787"飞机。

实际上，20 世纪 70 年代到 20 世纪 90 年代，有很多海外化学公司在研究碳纤维，但基本上都无法承受开发投资的重负，最终要么选择了放弃，要么缩小了规模。

反渗透膜也一样，在独立发展为业务前耗费了相当长的一段时间。1968 年，我们开始研究反渗透膜，目的是将其应用在从海水中生产淡水的水处理计划上。1980 年商品化后，也基本没能卖出去。直到 20 世纪 80 年代后半期，才开始有半导体相关企业前来咨询购买，但真正应用于大型海水淡化项目是在 2001 年以后。

通过技术开发提高效率的结果是：与传统方法相比，能源使用量减少了 80% 左右。如今，全球范围内用反渗透膜得到的水量相当于 1.2 亿人份的生活用水。

▶连接"管道"

为什么我们能够完成这种持续时间相当长的技术开发？最大的原因是我们的经营管理前辈拥有看透碳纤维、反渗透膜的价值的眼光。从来没有一任社长说过"停止研究碳纤维"。看透材料价值的能力非常重要，我们（现在的经营管理层）也希望能够做到这一点。对于绿色创新业务和生活创新业务，我们也会从长期发展的角度出发，一直研究下去。

为了确保长期的技术开发能够成功，需要注意连接"管道"。虽然碳纤维的真正用途是飞机，反渗透膜的真正用途是海水淡化，但一开始就找到合适的市场并不容易。相反，由于成本和信任等问题，材料制造商一般很难打开能发挥材料真正用途的市场。此时，为了保证业务继续下去，就要像连接管道一样，先找出能够直接产生收益的主要业务、次要业务，及其相关的其他业务。

碳纤维最初的"管道"是以高尔夫球俱乐部为首的运动器材，反渗透膜则是半导体制造上使用的纯水制造设备。我们一边将其应用于高附加价值用途，一边继续开发，致力于提高材料性能、减少生产成本。

我坚信，要想通过创新实现持续发展只能选择这种方法。通过技术开发来研发高性能和高机能的材料，然后随着市场的扩大，在提高费用效果比的同时将其商品化。待其成为通用产品后，再将生产转移到海外，进一步降低成本。在此期间，可以利用获得的利润开发下一个材料。我们就是通过这种循环来扩大业务规模的（图3-18）。

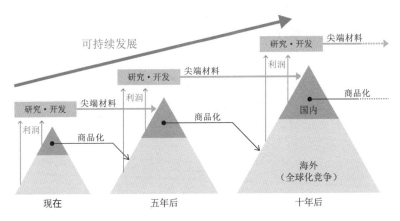

图3-18　以创新为原动力的可持续发展示意图

尖端材料也会逐渐商品化，需要通过创新不断开发新的尖端材料。

▶长期研究用"加法主义"进行评价

最后，我想谈谈对技术人员的评价。以上所讲的技术开发主要是研究领域的内容。东丽研发人员在写"研究·开发"时中间一定会加"·",因为我们认为研究和开发看似一样，其实不然。

研究很难确定什么时候会有突破，所以进行反复试验是最基本的。而开发是按照既定日程来完成既定产品，不容许出现失败或者延迟。这两者的过程完全不同。

负责研究的技术人员必须尽可能多地挑战，只有经历多次失败才能实现创新。因此，对于研究的评价绝对不能用减法，只能用加法，否则就会让人慢慢失去挑战创新的信念。东丽在这一点上一直奉行"加法主义"。

05　安川电机董事长　泽俊裕：

工厂进入医疗与服务市场，开发人与机器共存的机器人

**图3-19　安川电机董事长、专务执行董事、东京分公司社长兼进
出口管理部部长泽俊裕（图片来源：栗原克己）**

　　受21世纪初期IT泡沫崩溃的影响，面向半导体产业的伺
服机业务的营业额大幅下滑。于是，我们（安川电机）把精

力倾注在了面向汽车产业的机器人上。然而，2008 年爆发了"雷曼危机"，我们公司有三个业务受到了影响，分别是：变压器业务、伺服机业务和机器人业务。

与之相反，系统业务却异常顽强，因为我们具备能够满足客户需求的商品群。在这些经验的基础上，我们展开了内部讨论。核心技术"机电一体化"没有问题，但是我们想"强化价值连锁"，进一步提取客户的价值，为客户提供最佳方案。此外，除了既有市场，我们还想开拓新市场，为新客户提供价值。以上，就是我们面向未来的业务和技术开发的方向。

▶具有15轴自由度的"双臂机器人"

我们发展的新业务之一是机器人助手业务，旨在开发一种"能在距离人比较近的地方发挥作用的机器人"。

传统的机器人主要应用于工厂。出于法律规定的限制因素，它们一般被用在与人分隔开的空间里搬运很重的零部件，可能要负责焊接车身，也可能要进行涂装作业。但是通过发掘潜在客户的价值可以发现，机器人在工厂之外也有能发挥作用的地方，如代替人来完成操作、把人从烦琐的作业中解放出来、让人集中精力做更具创造性的工作等。

幸运的是，我们成功开发出了能够完成复杂动作和操作的机器人，即"7 轴垂直多关节机器人"。它比原来的"6 轴垂直多关节机器人"多了一轴，实现了和人类手臂同样的自由度。此外，它还能完成和人类同样灵活的动作，采取自由的姿势。例如，它可以应用于狭窄场所，完成转身动作。

还有一个是"双臂机器人"，既可以左右臂分别行动，也可以配合在一起行动。由于它无论外形还是大小都更接近人类，所以可以在不改变作业环境的条件下直接替换人工，这是它的最大特点。

这些机器人可以在生物和医疗领域发挥作用，所以我们把"生物机器人"投入到了这些市场的检查领域。

在生物研究和医疗领域，拥有专业技能的高水平人才一般会亲自完成检查、实验、确认等固定操作。这些操作既费时又费事，要求作业人员具备较强的注意力和忍耐力。这就存在一个问题，不同的人之间经验和技能存在差距，操作上会产生偏差，很难得到高精度且均衡的结果。

此时就需要应用"双臂机器人"。例如，我们的双臂机器人"MOTOMAN-BMDA3"能像人一样完成作业，它的左右臂都具有 7 轴的自由度，加上躯干的回旋，共计拥有 15 轴的自由度，可以用一边的机械臂拿着试管，另一边的机械臂向里面投放试剂，精度更高、速度更快（图 3-20）。值得一提的是，这款机器人可以直接使用，不需要把试验和实验器具更改成机器人专用的。

图 3-20　双臂机器人

目标是进入生物和医疗行业的检查领域这一新市场。该机器人的左右手都具有 7 轴自由度，能够像人一样完成复杂且灵活的操作。

此外，它还可以完成复杂的动作，仅用一台就可以完成灵活性强的多项操作。而且，它不需要休息，可以 24 小时全力工作。病原性病毒等对人体有害的东西都可以交给"生物机器人"进行处理，非常安全。

这样就可以把人从高负荷的检查操作中解放出来，让其把更多时间用在创造性的工作上，如分析、考察实验结果、构思新想法等。除了生物和医疗领域，我们也希望能将这种灵活性强的机器人应用于化妆品和食品领域。

▶熟练使用技术是关键

尽管"双臂机器人"有很多优点，但让人们接受它并不容易。日本的工厂拥有很高的生产技术能力，所以能够熟练使用机器人。但是其他领域的客户既没有机器人的专业知识，也没有使用经验，关于机器人动作的教导任务很难。即使是现有的工业机器人，他们也很难做到熟练操控。而且，我们也有很多没有经验的地方，只能一边教导客户，一边打造实用性更强的机器人。

后来，为了让没有专业技术的客户也能熟练操作机器人，我们开发了人机界面系统。说得极端一些，如果能够做到像操作智能手机一样简便的程度，我们就能吸引大批客户。如今，包括 IT 行业在内，各个行业都在关注机器人，想在未来进军机器人市场。对于我们而言，重点是要进入机器人行业，通过利用先进的 ICT（信息通信技术）开发出优秀的人机界面系统。

以往，人们一般会利用 IT 处理文章、图像、影像、声音等视觉和听觉信息，不需要使用机器人。但人类是有欲望的，任何改变都有可能发生，包括用到机器人。安川电机拥有机器人核心技术，我希望未来能进一步发挥这个优势。

06　富士重工业执行董事、斯巴鲁技术总部副部长　大拔哲雄：

开发终极安全车型，始终以驾驶安全为首

图 3-21　富士重工业执行董事、斯巴鲁技术总部副部长
兼车体设计部部长大拔哲雄（图片来源：栗原克己）

多年来，我们（富士重工业）在美国市场的销售数量得到了大幅增长（表 3-1）。尤其是 2013 年，卖出去了 42.5 万

辆汽车，比 2014 年增长了 26%。

表 3–1　2013 年富士重工业的销售实绩和预估

富士重工业的最大市场是美国。2013 年，其卖出了 42.5 万辆汽车，同年在日本国内卖出了 83 万辆汽车，不足突破了 1000 万辆汽车销售量的丰田汽车集团（包括大发工业和日野汽车在内）的一成。

	2013 年实绩	比上一年增长率	2014 年计划	比上一年增长率
日本国内	18.1 万台	+2%	18.5 万台	+2%
登记车	12.6 万台	+17%	12.9 万台	+2%
海外	64.9 万台	+23%	69.5 万台	+7%
美国	42.5 万台	+26%	46 万台	+8%
中国	5.6 万台	+28%	6.5 万台	+16%
合计	83 万台	+17%	88 万台	+6%

销售数量得以增长，一方面是因为斯巴鲁汽车培养起来的基本性能，如借助四轮驱动实现了良好的驾驶性能和较高的安全性能；另一方面是因为其设计更容易被美国人接受。此外，把车内尺寸改大，使之更符合美国市场的标准也起到了很好的作用，而且耗油量也比其他公司的四轮驱动汽车少得多。以上都是我们的优点。

除此之外，我们还准备了两款面向日美市场的战略车型，如 2014 年 6 月在日本发售的"LEVORG"和 2014 年 2 月在芝加哥车展上公布的新型"LEGASY"（图 3–22）。新型"LE-

GASY"是全球发售的代表性车种，根据美国市场的需求比以往的款型大了一圈，而且只有轿车款。而在日本，小面包车非常受欢迎，所以我们迎合这种需求推出了"LEVORG"，它比新型"LEGASY"更紧凑。

图 3-22　面向日本市场的"LEVORG"和面向美国市场的新型"LEGASY"

（a）2014 年 6 月发售的"LEVORG"是日本人气车型"LEGASY"小型面包车的继承者。（b）在芝加哥车展上公开亮相的新型"LEGASY"只有轿车款，以美国市场为销售中心。"LEVORG"整体宽 1780mm，长 4690mm，而新型"LEGASY"宽 1840mm，长 4796mm。

▶用别人做不到的来一决胜负

"把汽车做得大一些来增加在美国市场的销售数量"听起来不难，但前提是重视斯巴鲁汽车的风格。如果只是简单地生产大而漂亮的汽车，对我们而言没有任何制造的意义。

作为汽车制造商，我们算不上大型公司，要如何与其他汽车公司竞争呢？只能做其他汽车公司做不到的事，这是我们这种规模的制造商的生命线。我们公司的优势是独有的水平对卧引擎及使用这种引擎的四轮驱动，再加上长年积累的安全性能。源泉是水平对卧引擎（图3-23）。

图3-23　水平对卧引擎的构造示意图

水平对卧引擎的活塞能够左右对称动作，具有低振动、低重心、轻量微型的特点，可应用于四轮驱动中。除了"LEVORG"之外，富士重工业的主要车种都采用了水平对卧引擎。

由于水平对卧引擎可以左右对称式配置活塞，所以振动轻、转动平稳且重心低，具备较强的驱动潜力。

此外，由于它体形小、重量轻，所以在耗油量上也有优势。垂直放置引擎时，传动轴活动自然，因此可以用较低的成本来实现四轮驱动。在驾驶方面，它也能发挥四轮驱动的特点，尤其在积雪路面和路况不佳的道路上表现良好。

除了驾驶性能，我们还非常重视安全性能，因为驾驶性能优越的汽车不能有潜在危险。换句话说，水平对卧引擎的驾驶和安全性能在我们心中是紧密相连的，采用水平对卧引擎的斯巴鲁四轮驱动汽车在驾驶和安全性能上必须始终保持一流水平。

▶辅助安全驾驶

基于以上想法，我们开发了驾驶辅助系统"EyeSight"，并且在"LEVORG"上采用了大幅改良后的最新版本。

确保斯巴鲁汽车安全性能的基础是能生产具有良好冲突安全性的车体。近年来，许多国家的官方机构会公布汽车的冲突安全性排行榜，斯巴鲁汽车一直名列前茅。

借助"EyeSight"能够进一步提高汽车的安全性。"EyeSight"

具有多个功能，最具代表性的是自动制动器①。"EyeSight" 通过安装在车内前排座椅上方的两个 CCD 摄像头（立体相机）来持续监视前方，掌握行人、汽车、自行车等目标的动态，一旦存在冲突危险就会提醒驾驶员注意。如果此时驾驶员没有采取回避操作，"EyeSight" 就会启动自动刹车（图 3-24）。

图 3-24 "EyeSight（ver. 3）"的画面示意图

该系统利用立体摄像头识别人和汽车，以避免冲撞等危险。相比于原来的单色 CCD 摄像头，新版本的彩色画像处理技术能够识别原来无法识别的红色信号灯和前方车辆的刹车灯。

---

① "EyeSight（ver. 3）"系统中除了有防冲撞刹车功能，还具有车道维持功能、自动变速搭载车的预防误后退功能，以及避免危险的辅助驾驶功能等。

"LEVORG"上搭载了最新版本的"EyeSight（ver. 3）"。这次的改良版本通过更新立体相机扩大了可监视范围。其中，视野角度和识别距离扩大了 40% 左右。从结果上看，它将避免冲突和减轻损害的可能速度差从 30km/h 提高到了 50km/h。此外，它还采用了彩色画像处理技术，能够识别以往凭借黑白处理无法识别的前方车辆的刹车灯明灭情况和红灯情况。

"EyeSight"首次搭载于汽车是在 2008 年，当时并不怎么受欢迎。但近年来，"EyeSight"作为驾驶辅助系统逐渐被视为汽车的安全性能指标之一，认知度得到了迅速提升。我们切实感受到，我们所追求的方向和世界的动向重合到了一起。

当然，"EyeSight"不会就此停止升级，因为它不仅能监测前方，还有望全方位地保障追撞安全，发挥回避功能。

此外，"EyeSight"还是与自动驾驶有关的技术。自动驾驶距离真正实现可能还需要几年时间，但从技术上来说是完全有可能的。我们也在积极研究，希望早日实现自动驾驶。

当然，我们必须认真思考"自动驾驶本身对驾驶员有什么价值"这一问题。我们的目标是"零汽车事故"，也就是打造终极安全的汽车，自动驾驶说到底不过是实现这一目标的手段。

一辆汽车只需按个按钮，其他什么也不用做就能自动把你送到目的地，你觉得这种汽车怎么样？是不是会失去驾驶的快乐？所以，在开发自动驾驶技术的同时，我们必须思考将其以什么样的形式与汽车结合起来。

▶电动化也是一大课题

同时，我们还要解决耗油量限制的问题。美国、欧洲、日本等国家的具体限制内容不一样，但是都越来越严格了。尤其是美国，加利福尼亚州等多个州规定必须销售尾气零排放的汽车，而只有电动汽车能满足这一规定。在其他地区，耗油量改良效果很好的混合动力车的阵容也很强大。

我们在 2013 年 6 月发售了汽车 "XV Hybrid"，为了应对未来的耗油量规定，必须有耗油量改善效果更好的混合系统。

第四章

制造业未来的警钟

　　三菱飞机公司社长川井昭阳曾说他们"正在穿过黑暗森林"。笔者向其请教了阻碍挑战的"黑暗森林"的真面目，希望能给经营工厂的你带来警醒。

01　三菱飞机董事长兼社长川井昭阳：

受"日之丸喷气机"之苦的"黑暗森林"

三菱重工会生产各种各样的产品，所以我们时常思考"下一步棋"该怎么走。在讨论过程中，我们注意到未来发展空间较大的小型喷气式客机。

除了这种理性的讨论，三菱重工业对飞机还有强烈的不一样的想法。三菱飞机公司（总部位于名古屋，以下简称"三菱飞机"）作为喷气式客机业务公司，原本是三菱重工的核心。

但是，飞机的开发进展却并不顺利。迄今为止，我们已经三次变更日程安排了，（当初预定 2011 年）初次试飞延期到了2015 年 4~6 月，不仅给客户添了许多麻烦，开发投资额也在不断增加。

我们正在穿过一片被黑暗笼罩的森林。虽然不知道要爬山还是爬悬崖，但我们只能接着爬。接下来，我会围绕 MRJ（三菱支线客机）的最新情况、挑战全新领域时会发生什么、我们正在穿过的森林是指什么等问题来谈一谈（图 4-1）。

图 4-1　站在 MRJ 客舱全尺寸模型前的川井昭阳

MRJ 的椅背采用的是比较薄的瘦长型，可以扩大座椅间隔。作为支线客机来说设计得相当宽敞，能够让乘客轻松落座。（图片来源：堀胜志古）

▶有时候就是要冒险

MRJ 是一种可以覆盖北美或欧洲等比较近距离地区的小型喷气式飞机，由于它安装有 78~92 个座位，所以属于支线客机（图 4-2）。支线客机的竞争非常激烈，但它的需求会不断增多。

相较于竞争对手，我们的 MRJ 可以在环境、乘客、航空公司三个方面提供新的价值。具体来说，它具有低油耗、低噪声、低废气排放的优点，能为乘客提供舒适的客室，为航空公司提供高信赖性和优良的运行经济性（低油耗、良好的维护性能等）。

2007年10月　开始营业活动
2008年4月　成立三菱航空机公司
2009年9月　交货期等延期
2012年4月　交货期等延期
2013年8月　交货期等延期
2015年4月~6月 预定首次飞行
2017年4月~6月 预定交货首架飞机

图4-2　MRJ 的外观设计

出于开发交货延迟等原因，当初预计 2013 年交货的首架 MRJ 变更为 2017 年 4 ~ 6 月交货。MRJ 有 70 个座位的 "MRJ70" 和 90 个座位的 "MRJ90" 两种机型。图中为 "MRJ90"。

当然，我们的竞争对手也在追求这三方面的价值，所以想拉开距离很难。于是，我们决定赌一把，那就是采用美国普惠（Pratt & Whitney）公司（以下简称"普惠公司"）开发的新型引擎（图4-3）。

齿轮

图4-3　以前面带有大风扇为特点的新型引擎

美国普惠公司开发的新型引擎 GTF（Geared Turbo Fan）。风扇和轴之间装有齿轮，能同时实现高效率的大型风扇和低噪声。

这种引擎采用了新型构造，与传统引擎相比，在耗油量上有很大改善。但问题是它不仅构造很复杂，还没有取得过实际的应用成果。

低油耗是 MRJ 的核心价值，代表了 MRJ 的理念。为了实现这种理念，我们决定冒险尝试。作为新加入的一员，我们必须拿出明确的优势才能取胜，做好判断是非常重要的，且其重要性与生产零部件时完全不同。如果是零部件，即使是像主翼那种主要的零部件，我们也只需要按照客户提供的规格样式来做就可以了。

随后，相继有多家飞机制造商采用了普惠公司的新引擎，这也从侧面证明我们的判断是正确的。但除了这个赌注，我们还面临很多陷阱。这些陷阱仿佛隐匿于深山老林的黑暗处，我们很难发现。

▶黑暗森林的真面目

我以前经常说，要造一架可以安全飞行的飞机不容易，但也没那么难，因为我们有非常丰富的经验。相比之下，如何证明飞机是安全的反而很令人头疼，因为我们要取得型号合格证书（Type certificate）。

以铆钉为例。连接机身上使用的铝合金板会用到铆钉。此

时，需要确定孔距、直径和铆钉的尺寸。一般来说，通过模拟
实验可以确定其强度和耐久性。但与其他公司的飞机相比，我
们采用的铆钉的尺寸和孔距完全不同。为什么不一样？不同的
原因很难用相同的道理解释清楚。

但要想取得型号合格证书，就必须证明我们的铆钉是安全
的。不仅如此，安全证明实验一开始会有很多预估，但实际的
结果却有可能与设想的完全不同，我们甚至不知道问题出在哪
里。结果，由于不知道要对什么问题考虑到哪种程度，我们是
这也担心，那也担心，没完没了，拖着拖着计划就延迟了。这
就是黑暗森林的真实面目。

▶对登山有自信

这时候，如果有经验丰富的熟练工指明问题出在哪里，那
可真是太好了。因为这意味着，我们能明确下一步应该做
什么。

现在，原美国波音公司等企业的技工就在做这项工作。我
找他们做顾问，请他们提供一些建议。最终，我们逐渐找到了
明确的证明安全性的道路，并将其形容为"穿越森林"。

MRJ 在三菱重工的名古屋航空航天系统制作所小牧南工
厂（位于爱知县丰山町，简称"小牧南工厂"）进行了用于飞

行试验的机体的最终组装（图4-4）。从机体部分开始，2014年4月，主翼从飞鸟工厂（位于爱知县飞岛村）运送到了小牧南工厂。

图4-4　工厂正在进行飞行试验用的机身的最终组装

未来，我们将正式开始之前提到的爬山或者爬悬崖。届时可能会出现各种状况，如按照图纸生产的两个零部件无法组装、实际试验中发现无法满足设计规格的要求等。在最终组装中，这些问题一定会发生。

在进一步进行飞行试验时，也会出现各种意想不到的问题。因为无论多么用心设计，也会有些问题是只有实际飞行后才能弄清楚的。本以为是在爬山，实际上是在穿越山谷，而且还得绕远或者架桥。我们要做的事情还有很多。

当然，挑战新事物一定会遇到各种问题。在首次飞行后，我们还进行了各种飞行试验，以期尽可能多地发现问题，然后全部解决掉。把解决问题当成有趣的事去做，这就是技术开发的乐趣。

今后二十年，支线客机大约会有 5000 架的市场需求，我们的目标是拿下一半，也就是 2500 架。MRJ 具备相应的新价值，设计也很美观，我相信一定能行。

02 日野汽车特任顾问、丰田汽车顾问、日野汽车会长 蛇川忠晖:

不要因"共通化"剥夺技术人员的挑战心

图 4-5 蛇川忠晖

1961 年毕业于北海道大学工学部机械工学科,同年进入丰田汽车工业(现在的丰田汽车)工作。1999 年就任副社长,2001 年担任日野汽车社长、丰田汽车合作伙伴。2004 年担任日野汽车会长、丰田汽车顾问。2008 年起担任日野汽车合作伙伴,2013 年就任日野汽车特聘顾问。(图片来源:栗原克己)

目前，德国大众（Volkswagen）公司、日产汽车、丰田汽车等全球汽车制造商都在大幅转向模块化设计。不同车种间的零部件共通化（模块化），意味着工厂能像组装乐高（LEGO）积木一样设计、生产汽车。

▶斯堪尼亚公司是完美的？

一般认为，模块化设计做得最理想的是瑞典商用汽车制造商斯堪尼亚（SCANIA）公司，其花费三十多年时间确立了"终极"的模块化设计。他们做得非常彻底，所有零部件都能通用。例如，引擎一般由缸径和活塞的大小来决定，汽缸盖设计成分割式后，只需追加这种盖子，就能成为 6 气筒或者 8 气筒。

模块化设计确实有它的优点，如能缩短设计开发的周期、降低采购成本等。零部件的种类和数量减少后，质量也能得到提高。

但是，斯堪尼亚公司的模块化设计真的是完美的吗？2002年我担任日野汽车的社长时与斯堪尼亚公司达成业务合作，曾经学习过他们的模块化设计。坦率地说，该公司存在"僵化问题"。

的确，对既有的卡车而言，模块化设计可以说是效率最高的设计。然而这只对"目前"有效,因为汽车界正发生着巨大的变化。斯堪尼亚公司的模块化设计是否能够应对这一变化所带来的新型汽车生产方式?我认为,该公司会因为过度追求完美而难以应对变化。

以燃料的变化为例。目前的主流是清油和汽油,而未来可能会大量使用液化天然气(LNG)和页岩气(这一变化已经在美国和亚洲出现苗头了)。氢的选择也无法完全舍弃。企业要想应对这些变化,必须把引擎的缸径做得比现在更大,冲程更长,容量更高。这样一来,就需要更新模块。

另一个变化是动力源的电动化。除了载客车,卡车中也越来越常见引擎和马达的混合搭配使用。其中,马达是辅助输出,引擎本身的规模在缩小。引擎一变小,自然需要新模块。

此外,在自动驾驶、IT 化的发展以及法律限制、客户的价格感受等方面,汽车需要具备的机能和使用方法也在发生巨大变化。也就是说,根据市场和社会的变化,以往发展起来的模块化设计或将无法再通用。

▶柔性模块化设计

在学习斯堪尼亚公司的模块化设计的过程中,日野汽车注意到了这一弱点,于是花费十年时间构建起了"柔性模块化设计"。这是一种同时兼顾灵活性（flexible）和固定化（modular）两种相对立思想的设计。

柔性模块化设计的基本思想可以分为两部分：一是客户区域，即根据市场和社会的变化，即客户需求的变化而变化的部分；二是固有区域，即普遍的部分。其中，固有区域由日野汽车设计的固有零部件构成，旨在达到彻底的通用化。除此以外的客户区域不会共通化，而会采用高自由度的设计，以确保多样化的零部件的使用。

客户遍布世界各地，而世界各地存在多样的零部件。这就意味着，客户会希望使用当地的价格较低的零部件。一旦所有的零部件通用化，就无法因地制宜，使用功能相同但形状不同的零部件了。结果，可能会出现（有些零部件）只能在日本买到，在海外买不到的情况。日野汽车的模块化设计目标，就是通过设计使特殊零部件也能组装得上。

即便某个市场所受的法律限制（废气排放限制、耗油量限制等）有所改变，我们也不会随意变动固有区域，而会通过调整客户区域来应对。也就是说，柔性模块化设计能为即使发生变化也能在全世界行驶的"合格汽车生产"提供支持。

丰田汽车有句话叫"标准化是为了打破而存在的"，意思是业务一旦标准化，即使提高了效率，也要进一步发挥创新能力，把标准化改进得更完美。因此，丰田汽车的零部件种类增加得相当多，即使能够通用，也会继续增加零部件。丰田汽车大约每隔十年就要进行一次零部件的共通化，其不断进步的模块化设计更像是在进行"交通管制"。

模块化设计僵化主要是受"追求利润"的思想的支配。这样做能否提高客户满意度，是否是客户最需要的？企业应该时常停下脚步想一想。

偏重共通化还会让技术人员丧失挑战心。未来，技术人员必须能够看透世界的变化，创造出更优良的产品，所以企业不该剥夺技术人员的自由。在采纳共通化和模块化设计的优点的同时，企业还要为技术人员营造能够尽情挑战的环境。

03 东京大学特聘研究员、五十铃汽车原专务董事 佐佐木久臣:

关注品质,回归"客户至上"的经营原点

图4-6 佐佐木久臣

1965年毕业于东北大学工学部,随后入职五十铃汽车工作,主要负责生产技术。1997年担任生产小型柴油发动机的五十铃(波兰)公司社长兼CEO。2000年回到日本后担任五十铃汽车专务董事(生产部门统筹负责人)。从该公司退休后,2003年担任旭Tech公司社长兼CEO。

我不仅会参观日本的生产地点，还会参观中国和其他亚洲国家的。最近，我感觉日本企业（包括海外子公司和合并公司在内）的工厂放松了对质量的追求。

很多日本工厂生产的产品质量仍然很高，但当面临"是进一步提高质量水平使产品品质更完美，还是把重心转移到提高生产效率上来"两种选择时，多数企业都会选择后者。究其主要原因，是新兴国家的企业正在迎头追赶，他们想以某种方式提高生产效率，降低成本。

▶选择质量还是生产效率?

在这一背景下，诞生了很多因提高生产效率而导致制造品质下降的情况。例如，某工厂选择延长维护作业的间隔。以往，该工厂需要每三个月更换一次生产设备的轴承，后来却改成了6个月。该工厂看没有引发什么问题，就又将期限延长到了一年。于是，维护费用减少了，生产线的停止时间缩短了，运转率和生产效率提高了，还节省了更换零部件的费用。随后，该工厂宣称"我们做了这样的改善""我们消除了这样的浪费问题"。但问题真的改善了吗？单纯延长维护期不是真正的改善，而是"偷懒"。因为偷懒，工厂不得不做好发生设备故障引发严重事故的准备。

质量底线一旦突破，就会无休止地降低下去。如果上述"偷懒"情况蔓延到整个工厂，生产线就会立刻崩溃。

出乎意料的是，防止质量崩溃最有效的措施是经营的理念和哲学。制造业的生命线是践行"客户第一"的理念。这一点放在生产地点上，就是不能交给客户不良品。工厂中的"客户第一"就是"质量第一"，经营者必须具备这种理念并切实执行。

参观工厂时，我经常能看到在显眼位置上大大张贴着的"客户第一""质量第一"的标语，但工厂真的那样做了吗？如果生产线的不良率稳定在 1%，能不能继续努力降低到 0.1%？如果把质量放在首位，自然应该追求"零不良率"，并且构建"零不良率"的机制构造。在确立这种机制的基础上，再去改善生产效率。

日本产品受全世界好评的原因在于品质优良。无论是汽车还是家电，日本产品都不容易损坏，能够长久使用，这有助于获得客户的信赖。即便现在，品质也一直是日本产品竞争力的源泉。因此，我们要再次重回原点，实践以"客户第一""质量第一"为理念的生产制造。经营者们应该走在前列，广大技术人员也要发挥重要作用。

04 东京大学特聘研究员、原本田工程董事
伊藤洋：
标准手册容易丧失思考力，要从"意外"中挖掘新知

图4-7 伊藤洋

　　1965年毕业于山形大学工学部精密工学科，随后进入本田技研工业工作，从事冲压技术、车体生产技术的开发。1974年转职进入该公司生产技术部门独立成立的本田工程工作，负责CVCC引擎等生产技术业务。1986年担任董事，负责车体研究开发和品质管理。2001年退休后从事支援印度、巴基斯坦、泰国的技术支援活动。

近些年来，日本制造业进入了"指南化"时代。从质量管理、设计、生产到拟定环保策略，日本制造商一直致力于在各个领域创建指南手册以推动业务发展，使稳定、高效生产具有一定质量水平的产品成为可能。

但是，现在有多少日本制造商能够生产出全球客户，尤其是今后具有很大发展潜力的新兴国家的客户真正想要的产品呢？

2001 年从本田工程（入职公司是本田，因此以下简称"本田"）退休后，我一直在印度和巴基斯坦从事技术指导工作，推动汽车领域的研究。这两个国家的市场中，数字产品和家电产品领域最引人注目的是三星电子公司和 LG 电子公司等韩国制造商生产的产品。韩国制造商生产的产品之所以畅销，在于他们会研究日本制造商生产的产品，在舍弃多功能的同时切实添加客户所需要的功能，并且以普通人也能接受的价格销售。

与此同时，两国市场对于日本制造商生产的产品的评价却令人遗憾："质量和功能非常好，但我不会买。"结果，很多日本制造商不得不退出难得的潜力市场。

导致这种局面的原因之一就是"指南化"。虽然"指南化"有助于提高生产效率，但它会让日本制造商思考新产品的能力越来越弱。在与日本、欧美市场情况不同的新兴国家市场，日本制造商根本生产不出畅销品。

▶ "你根本就没尝试过！"

过于依赖指南化的生产制造，存在"偏向于在正态分布中尽可能接近中央思维"的危险。只追求最大值和平均值，就会忽略偏离最大值和平均值的"离群值"，位于离群值上的可能性也就根本不会去考虑了。

面对这个问题，本田创始人本田宗一郎大概会呵斥一句："你根本就没尝试过！"在技术开发方面，"偏离常识"和"错误"往往会带来意想不到的好结果。本田宗一郎亲身经历过，所以才会严厉斥责试都不试就下结论的技术人员。

催生新想法的是一定程度的自由，而不是指南手册。我在本田工作时根本不会在意开发费用等问题，经常是事后才听上司提及花费了多少钱。或许会有人担心预算不够，但从整体来看，预算的使用情况是不均衡的。使用预算要有灵活性，如果某项事业的预算不够，可以用其他地方的盈余补。

本田有一句话叫"冠省入山村"，字面意思是进山时请摘下头衔，即从社长到员工，大家要进行平等讨论，不要考虑地位。唯有自由豁达的讨论，才能催生新事物。

"精益制造" 专家委员会

齐二石　天津大学教授（首席专家）

郑　力　清华大学教授（首席专家）

李从东　暨南大学教授（首席专家）

江志斌　上海交通大学教授（首席专家）

关田铁洪（日本）　原日本能率协会技术部部长（首席专家）

蒋维豪（中国台湾）　益友会专家委员会首席专家（首席专家）

李兆华（中国台湾）　知名丰田生产方式专家

鲁建厦　浙江工业大学教授

张顺堂　山东工商大学教授

许映秋　东南大学教授

张新敏　沈阳工业大学教授

蒋国璋　武汉科技大学教授

张绪柱　山东大学教授

李新凯　中国机械工程学会工业工程专业委员会委员

屈　挺　暨南大学教授

肖　燕　重庆理工大学副教授

郭洪飞　暨南大学副教授

毛少华　广汽丰田汽车有限公司部长

金　光　广州汽车集团商贸有限公司高级主任

姜顺龙　中国商用飞机责任有限公司高级工程师

张文进　益友会上海分会会长、奥托立夫精益学院院长

邓红星　工场物流与供应链专家

高金华　益友会湖北分会首席专家、企网联合创始人

葛仙红　益友会宁波分会副会长、博格华纳精益学院院长

赵　勇　益友会胶东分会副会长、派克汉尼芬价值流经理

金　鸣　益友会副会长、上海大众动力总成有限公司高级经理

唐雪萍　益友会苏州分会会长、宜家工业精益专家

康　晓　施耐德电气精益智能制造专家

缪　武　益友会上海分会副会长、益友会/质友会会长

东方出版社

广州标杆精益企业管理有限公司

东方出版社助力中国制造业升级

书　　名	ISBN	定　价
精益制造 001：5S 推进法	978-7-5207-2104-2	52 元
精益制造 002：生产计划	978-7-5207-2105-9	58 元
精益制造 003：不良品防止对策	978-7-5060-4204-8	32 元
精益制造 004：生产管理	978-7-5207-2106-6	58 元
精益制造 005：生产现场最优分析法	978-7-5060-4260-4	32 元
精益制造 006：标准时间管理	978-7-5060-4286-4	32 元
精益制造 007：现场改善	978-7-5060-4267-3	30 元
精益制造 008：丰田现场的人才培育	978-7-5060-4985-6	30 元
精益制造 009：库存管理	978-7-5207-2107-3	58 元
精益制造 010：采购管理	978-7-5060-5277-1	28 元
精益制造 011：TPM 推进法	978-7-5060-5967-1	28 元
精益制造 012：BOM 物料管理	978-7-5060-6013-4	36 元
精益制造 013：成本管理	978-7-5060-6029-5	30 元
精益制造 014：物流管理	978-7-5060-6028-8	32 元
精益制造 015：新工程管理	978-7-5060-6165-0	32 元
精益制造 016：工厂管理机制	978-7-5060-6289-3	32 元
精益制造 017：知识设计企业	978-7-5060-6347-0	38 元
精益制造 018：本田的造型设计哲学	978-7-5060-6520-7	26 元
精益制造 019：佳能单元式生产系统	978-7-5060-6669-3	36 元
精益制造 020：丰田可视化管理方式	978-7-5060-6670-9	26 元
精益制造 021：丰田现场管理方式	978-7-5060-6671-6	32 元
精益制造 022：零浪费丰田生产方式	978-7-5060-6672-3	36 元
精益制造 023：畅销品包装设计	978-7-5060-6795-9	36 元
精益制造 024：丰田细胞式生产	978-7-5060-7537-4	36 元
精益制造 025：经营者色彩基础	978-7-5060-7658-6	38 元
精益制造 026：TOC 工厂管理	978-7-5060-7851-1	28 元

书　名	ISBN	定　价
精益制造 027：工厂心理管理	978-7-5060-7907-5	38 元
精益制造 028：工匠精神	978-7-5060-8257-0	36 元
精益制造 029：现场管理	978-7-5060-8666-0	38 元
精益制造 030：第四次工业革命	978-7-5060-8472-7	36 元
精益制造 031：TQM 全面品质管理	978-7-5060-8932-6	36 元
精益制造 032：丰田现场完全手册	978-7-5060-8951-7	46 元
精益制造 033：工厂经营	978-7-5060-8962-3	38 元
精益制造 034：现场安全管理	978-7-5060-8986-9	42 元
精益制造 035：工业 4.0 之 3D 打印	978-7-5060-8995-1	49.8 元
精益制造 036：SCM 供应链管理系统	978-7-5060-9159-6	38 元
精益制造 037：成本减半	978-7-5060-9165-7	38 元
精益制造 038：工业 4.0 之机器人与智能生产	978-7-5060-9220-3	38 元
精益制造 039：生产管理系统构建	978-7-5060-9496-2	45 元
精益制造 040：工厂长的生产现场改革	978-7-5060-9533-4	52 元
精益制造 041：工厂改善的 101 个要点	978-7-5060-9534-1	42 元
精益制造 042：PDCA 精进法	978-7-5060-6122-3	42 元
精益制造 043：PLM 产品生命周期管理	978-7-5060-9601-0	48 元
精益制造 044：读故事洞悉丰田生产方式	978-7-5060-9791-8	58 元
精益制造 045：零件减半	978-7-5060-9792-5	48 元
精益制造 046：成为最强工厂	978-7-5060-9793-2	58 元
精益制造 047：经营的原点	978-7-5060-8504-5	58 元
精益制造 048：供应链经营入门	978-7-5060-8675-2	42 元
精益制造 049：工业 4.0 之数字化车间	978-7-5060-9958-5	58 元
精益制造 050：流的传承	978-7-5207-0055-9	58 元
精益制造 051：丰田失败学	978-7-5207-0019-1	58 元
精益制造 052：微改善	978-7-5207-0050-4	58 元
精益制造 053：工业 4.0 之智能工厂	978-7-5207-0263-8	58 元
精益制造 054：精益现场深速思考法	978-7-5207-0328-4	58 元
精益制造 055：丰田生产方式的逆袭	978-7-5207-0473-1	58 元

书 名	ISBN	定 价
精益制造 056：库存管理实践	978-7-5207-0893-7	68 元
精益制造 057：物流全解	978-7-5207-0892-0	68 元
精益制造 058：现场改善秒懂秘籍：流动化	978-7-5207-1059-6	68 元
精益制造 059：现场改善秒懂秘籍：IE 七大工具	978-7-5207-1058-9	68 元
精益制造 060：现场改善秒懂秘籍：准备作业改善	978-7-5207-1082-4	68 元
精益制造 061：丰田生产方式导入与实践诀窍	978-7-5207-1164-7	68 元
精益制造 062：智能工厂体系	978-7-5207-1165-4	68 元
精益制造 063：丰田成本管理	978-7-5207-1507-2	58 元
精益制造 064：打造最强工厂的 48 个秘诀	978-7-5207-1544-7	88 元
精益制造 065、066：丰田生产方式的进化——精益管理的本源（上、下）	978-7-5207-1762-5	136 元
精益制造 067：智能材料与性能材料	978-7-5207-1872-1	68 元
精益制造 068：丰田式 5W1H 思考法	978-7-5207-2082-3	58 元
精益制造 069：丰田动线管理	978-7-5207-2132-5	58 元
精益制造 070：模块化设计	978-7-5207-2150-9	58 元
精益制造 071：提质降本产品开发	978-7-5207-2195-0	58 元
精益制造 072：这样开发设计世界顶级产品	978-7-5207-2196-7	78 元

日本制造业·大师课
手机端阅读，让你和世界制造高手智慧同步

片山和也：
日本超精密加工技术
系统讲解日本世界级精密加工技术
介绍日本典型代工企业

国井良昌：
技术人员晋升·12讲
成为技术部主管的12套必备系统

山崎良兵、野々村洸，等：
AI工厂：思维、技术·13讲
学习先进工厂，少走AI弯路

高田宪一、近冈裕，等：
日本碳纤材料CFRP·11讲
抓住CFRP，抓住制造业未来20年的
新机会

中山力、木崎健太郎：
日本产品触觉设计·8讲
用触觉，刺激购买

高市清治、吉田胜，等：
技术工人快速培养·8讲
3套系统，迅速、低成本培育技工

近冈裕、山崎良兵，等：
日本轻量化技术·11讲
实现产品轻量化的低成本策略

近冈裕、山崎良兵、野々村洸：
日本爆品设计开发·12讲
把产品设计，做到点子上

近冈裕、山崎良兵、野々村洸：

数字孪生制造：
技术、应用·10 讲

创新的零成本试错之路，智能工业化
组织的必备技能

吉田胜：

超强机床制造：
市场研究与策略·6 讲

机床制造的下一个竞争核心，是提供
"智能工厂整体优化承包方案"

吉田胜、近冈裕、中山力，等：

只做一件也能赚钱的工厂

获得属于下一个时代的，及时满足客
户需求的能力

吉田胜：

商用智能可穿戴设备：
基础与应用·7 讲

将商用可穿戴设备投入生产现场
拥有快速转产能力，应对多变市场需求

吉田胜、山田刚良：

5G 智能工厂：
技术与应用·6 讲

跟日本头部企业学
5G 智能工厂构建

木崎健太郎、中山力：

工厂数据科学家：
DATA SCIENTIST·10 讲

从你的企业中找出数据科学家
培养他，用好他

中山力：

增材制造技术：
应用基础·8 讲

更快、更好、更灵活
——引爆下一场制造业革命

内容合作、推广加盟
请加主编微信